# 賢者

IKUO KINOSHITA
木下郁夫

国連憲章と核軍縮に取り組んだ外交官

LIFE STORY OF GARCÍA ROBLES

## ガルシアロブレス伝

ARC
OBL

社会評論社

プロローグ …… 3
第一章　遍歴の国際法騎士 …… 9
第二章　普遍的人権の戦後構想 …… 17
第三章　チャプルテペックの有能な事務官 …… 27
第四章　サンフランシスコ会議での苦闘 …… 41
第五章　国連事務局の若き部長 …… 55
第六章　海洋法会議での再デビュー …… 71
第七章　非核地帯との関わり …… 89
第八章　序盤の交渉 …… 103
第九章　試練のトラテロルコ条約 …… 117
第一〇章　第三世界のリーダー …… 131
第一一章　核軍縮のドン・キホーテ …… 145
第一二章　外務大臣 …… 157
第一三章　デタントと軍縮特別総会 …… 175
第一四章　限定核戦争の恐怖 …… 187
エピローグ …… 199
あとがき …… 246

# プロローグ

# プロローグ

ノーベル賞を獲って、彼が心から歓喜したようすはない。一九一一年生まれで、この最高の栄誉に浴したのは彼一人であった。ほかにその可能性があったベトナム人は辞退してしまったからである。

少しは格好をつけてもよさそうなものであった。平和賞といえば「聖者」に与えられるイメージがある。赤十字のアンリ・デュナン、貧者救済のマザー・テレサ、人種和解のネルソン・マンデラが好例である。また、中国極秘訪問のキッシンジャーやペレストロイカのゴルバチョフなどは、受賞に有頂天になって、スーパースター気取りであった。

ところが彼は、特別な存在になったことを誇る素振りさえ見せなかった。賞金の使い道について「自分の家族の生活を向上させる」と庶民的な発言をしたことに至っては失言の類であろう。

実際、彼は大衆受けする人柄ではなかった。

風貌どおり人当たりは柔和、振る舞いは繊細。優等生型の出世人に共通する勤勉と要領の良さ。他方で、ジュネーブ界隈のレストランに詳しく、音楽の蘊蓄も傾けるスノッブなところもあった。言うなれば、どこにでもいる謙虚で、知的で、人生の楽しみも知る一紳士であった。共同受賞者のアルバ・ミュルダルのほうが話題性は高かった。

夫のグンナルもノーベル記念経済学賞の受賞者であったし、彼女自身はスウェーデン初の女性大使であった。軍縮交渉の大家として警世の書を世に問い、長年、平和賞の候補に挙がっていた。

さらに、レフ・ワレサという今一人の主役がいた。率いる自主管理労組「連帯」がポーランド政府に弾圧され、拘禁下にあった。全体主義に体を張って抗議する彼を応援するため、平和賞を与えたい、と待望する空気は強く[2]、翌年には実現している。ガルシアロブレス自身、そうした空気をひしひしと感じていた。

オスロで授賞式が催されたのは発表から二か月後の一二月一〇日である。その場で、こうした空気に真っ向から反論した。

平和と軍縮とは本質的な関係がある。ノーベル平和賞は平和への貢献を最重要視して与えられるべきである、と言わなくてよいことを言ってしまった。受賞を正当化するかのような物言いである。

そればかりか、経済学賞がそうであったように、人権のために新たな賞が創設されるべきである、と出過ぎた提案をした[3]。

後に見るように、人権の大事さはわきまえていたはずである。しかし、正論と信じることについては譲れない性格であった。

これは政府代表の立場で、自国の意見を正々堂々と主張してきたことと関係あろう。逆風に立ち向かってでも、国益のために押し進まねばならない時はあるからである。

正直な気持ちは、肩身が狭い、というものでなかったろうか。それはワレサに対する肩身の狭さでない。メキシコの歴代大統領に対する気持ちである。

忠実な官僚として生きてきた。大統領たちの手足となって働いただけであった。それなのに、手足のほ

うが最高の名誉に浴してしまった。忠実であればこそ、後ろめたさは一方ならぬものであったはずである。もっとも祖国の側は、同国初のノーベル賞を歓迎した。議会もそれを祝った。[4]トラテロルコ広場横、人学文化センターの一室は、アルフォンソ・ガルシアロブレス講堂と命名されている。

彼の立場を過不足なく述べるのは、数年後のインタビューである。真空の中で行動したアルフォンソ・ガルシアロブレスにではなく、メキシコという国の立場を正しく解釈し、かつ守ったアルフォンソ・ガルシアロブレスに賞は与えられたのである、と語った。[5]

「国の立場を正しく解釈」した、というのは、帝国主義と米ソ冷戦の時代に、開発途上国としてのメキシコの将来に心を砕いたことを指すのであろう。

そこから得られた国家の独立と主権という原理について二心がなかったからこそ、正義感を燃え上がらせることができた。

「かつ守った」というのは、累次の外交的勝利によって国益を守ったことであった。

あらゆる情報を分析して将来を見透す洞察力、特に会議外交の票読みにかけては、天才の域に達した。さらに、あっ、と言わせるトリッキーな解決策には、錚々たる大国の外交官たちが見事に出し抜かれた。

大器晩成という言葉がある。神童と呼ばれた若者はいくらでもいる。その中で本当に認められるのは、実績を残した者だけである。

ガルシアロブレスは仕事師であった。ノーベル賞を与えられた核軍縮の業績だけでなく、少壮外交官の時代から賛辞に包まれてきた。つねに勝つことだけを考え、成功を導いた。その帰結としての晩年での受

賞であった。

しかしノーベル賞さえ、彼にとっては目標でなく、核軍縮という天職を全うするための道具にすぎない。欣喜雀躍している場合ではなかったのである。

# 第一章　遍歴の国際法騎士

# 第一章　遍歴の国際法騎士

## ソルボンヌ

どこの国でも、外交官には名門一族の子弟が多いものである。しかし、一九一一年三月二〇日に生まれたアルフォンソは商家の子息であった。

メキシコ高原のサモラという田舎町では、豊かといっても知れたものであったろう。後年、官途においては、自力で道を切り開いていかなければならなかったはずである。

少年期はメキシコ革命の時代であった。革命勢力が町を占領したため、一家は大都市グアダラハラに逃れた。サモラに戻って中等教育を卒えた後、再度、この都市で大学進学のために必要な予備学校に通った。[6]ようやくこのころから、人生行路に対する主体的な意志が見え始める。

自ら語るところでは、外交官への志望が芽生えていた。夢を叶えるため、国内随一の名門、メキシコ自治大学の法学部に進んだ。進路に役立ちそうな国際法・外交史・国際連盟などの科目を取っていった。[7]

これには異説がある。彼を海外に雄飛させたのは、カトリックの信仰であったかもしれない。

一九三三年末、教会のイベントに参加するためヨーロッパに渡った。パリ大学ではフランス語・フランス文学のディプロマ（学位）を修得した。[8]この段階で、信仰と文学の道でなく、外交の道を選んでいた、と言い切れる確たる証拠は存在しないのである。

文学青年であったアルフォンソを、外交官ガルシアロブレスに変えた決定的な出来事は翌年、パリ大学

の法学部および高等国際研究学院に進学したことであった。[9] 特に後者は、国際関係や外交を教える専門大学院のはしりであった。

彼という原石を磨いたのは、学院の創設に携わった二人の国際法教授であった。

一人はアルベール・ドラプラデル。戦争を未然に防ぎ、平和を維持する方法を知っていた。

国家間の紛争を第三者に付して裁定させることを国際仲裁という。彼が調べ上げた事件の中には、アルフォンソの故郷であるラテンアメリカの国と、ヨーロッパの大国との揉め事がふんだんに含まれていた。

もう一人はチリ出身のアレハンドロ・アルバレス。アメリカ合衆国の対外政策を導いていたモンロー・ドクトリンの専門家であった。

ヨーロッパの植民地主義から、米州をどう守るか、がこの政策本来の関心であった。しかし、それだけでない、と教授は感づいた。合衆国自体がラテンアメリカに干渉する口実として、それを利用していたのである。

青年は二人の師によって敷かれた国際法の王道を、まっすぐ歩めばよかった。国際情勢の荒波に立ち向かわなければならないラテンアメリカの外交官にとって、必須の素養であった。

その道での早熟を伝える逸話がある。

学院では、一九三六年における二人の優秀学生の一人に選ばれた。

翌年には学生会長として、国際研究大会というイベントの議長を務める大役を果たした。並みいる二五か国からの参加者の前で、物怖じしない度胸を見せた。

そればかりでない。閉会後には、議事録を編集し、出版までした。「はじめに」には自ら筆を執り、国際法についての持論を開陳した。

科学と経済の進化に人類は追いついておらず、絶滅戦争の危険がある。国際法はそれらに対応しなければならない。[10]

それは、いかにも青年らしい使命感であった。

彼はフランス生活を目いっぱい楽しんだ。帰国後の一九四三年には『ソルボンヌ、昔、今』と題して大学の歴史を本にまでした。序文は、メキシコに亡命中の著名なフランス人作家ジュール・ロマンが寄せてくれた。「あらゆる時代のフランス、パリ、パリ大学、そして学生時代を愛している」という言葉を贈られた。[11]

文士になる憧れがあったなら、青春の甘美な思い出になったろう。ラテン世界の外交官には二足の草鞋を履く者が少なくない。

意外にも、出版の嗜みは立身出世を助けることになる。意識的にそうしていたなら、末恐ろしい処世の才覚と言わねばならない。

## 国有化

ソルボンヌで学問の下地が作られているころ、祖国では一大事が起きていた。外国資本の石油会社と自国労働者との争議がエスカレートした。最高裁判所は一九三八年になって、賃上げを求める労働者側の主

張を認めた。

ここで信じられないことが起きた。石油メジャーが判決に従わなかったのである。もはや単なる労働争議ではなく、面子を傷つけられたメキシコ政府を巻き込む国際紛争に発展した。

当時のラサロ・カルデナスデルリオ大統領は強靭な意志の持ち主であった。国家主権を守るために、石油会社の資産を国有化し、補償もしなかった。

しかし、私有財産の保護はフランス人権宣言にも書かれた基本権中の基本権である。当然、自国民の資産が奪われた米英との関係は悪化した。

この危機がソルボンヌで国際法を学ぶアルフォンソに与えた影響は計りしれない。ドラプラデルが扱うヨーロッパ人財産の侵害事件、そしてアルバレスが論じる列強政府による干渉が、今、祖国で繰り返されようとしていた。

彼はこの年、ハーグ国際法アカデミーに進学した。現代でも権威が高い国際法学者の養成機関である。もう、晴れて国際法学者の卵と呼んでよい。三十年余り経った一九七一年夏、自らも教鞭を執る。

当然、祖国を弁護しないでは居ても立っても居られなかった。中世の遍歴の騎士が甦ったかのように、ヨーロッパ中を行脚した。

ソルボンヌでの「メキシコにおける石油問題と国際法」の会議をはじめ、ハーグ、ブリュッセル、ベルゲンと渡り歩いた。自ら後年、メキシコ人としての「義務」と呼んだように[12]、活動を支えたのは強い正義感であった。

理論武装もできていた。

昔、カルロス・カルボというアルゼンチンの外交官は、自国民には救済しない類の損害に対して、外国人には救済しなければならないというのは不条理である、と著した。

それ以後、外国人が母国に保護を求めることを禁止する政策を、カルボ・ドクトリンと呼び、ラテンアメリカで熱く支持された。

メキシコの場合、憲法にこのドクトリンが組み込まれていた。国有化で損害を被った石油会社が米英政府を動かして干渉させたのは、ルール違反である、と青年は信じて疑わなかったであろう。

石油産業国有化事件は、正義感の背骨を大いに鍛えることになったのであった。

## 入省

不本意なポストは一度も経験しなかったのでは、と思えるほど、彼は官途では恵まれていた。

在スウェーデン公使館に、三等書記官の空席がある、という情報が知人から寄せられた。もともと隔年で行われる祖国での採用試験に応募しようと考えていたものの、年齢も二十代の終盤に差しかかっていたので現地採用の話に応じることにした。[13]

任地のストックホルムに到着したのは大戦が始まった翌月の一九三九年一〇月である。職場には上司である全権公使と、通訳、そして二人の速記者がいるだけであった。仕事内容も、本省への月次報告書の準備という、地味なものであった。

現地で見聞きしたのは、激しさを増す空襲や砲撃の報道である。このことが、国際会議への参加や国連職員としての勤務とともに、軍縮が職業になると固く信じる一因となった、と晩年、述懐する。[14]

一年半、ストックホルムに滞在してから、同地を離れた。灯火管制の中、鉄道でヨーロッパの西端であるポルトガルまで行き、大西洋を渡って帰国した。

それが一九四一年三月、ちょうど三〇歳の誕生月のことである。その時からの十年間で、人一倍多くのことを学ぶことになる。

彼を呼び戻したのは、詩人外交官として知られるハイメ・トレスボデット外務次官であった。[15] 本省では大臣に次ぐ位のポストである。前に言及した『ソルボンヌ、昔、今』の献辞が捧げられたのもこの上司であった。

次官の耳にまで力量が聞こえていた、というのは注目に値する。几帳面な彼のことであるから、月次報告書のような退屈な仕事にも、手を抜かなかったのであろう。

仕事のかたわら、『ソルボンヌ、昔、今』などの原稿も書き溜めていた。多忙な生涯に、三十冊の本と三百本の論文を書いたと称する彼のことである。[16] つねに書き物をしていたに違いない。

## 戦後構想へ

次官と相談した結果、戦後問題課長（国家平和企画委員会国際問題事務官）に任じられた。外交官としての階級では二等書記官への昇任であるから、素直に喜ぶべきことである。[17]

初めての大仕事は、アメリカ合衆国の温泉保養地ホットスプリングスで開かれた食糧と農業に関する会議であった。

前の大戦では、食糧不足による飢餓が深刻化し、救済に尽力した人物が評判になって、合衆国大統領に当選したほどである。今回もそうした事態が予想できた。

また食糧問題は、フランクリン・D・ローズベルト現大統領が宣言した四つの自由の一つ、欠乏からの自由、にも関わった。

とはいえ、アルフォンソに天下国家を論じる出番はなかった。与えられたメキシコ代表団の事務長という仕事は、設営などの裏方が主な務めであった。

下っ端であったので、仕事相手は上司ばかりであった。会議で発言できる代表は、国民経済省の次官をトップに、農業省と労働省と公共保健省の次官補たちが脇を固めていた。

この中で労働次官補のルイス・パディジャ・ネルボは、彼にとって郷土の先輩でもあった。後年、外政家として活躍し、最も縁が深い上司になる。

学ぶことは多かったろう。将来的にも、裏方について熟知していれば、議事の内容に専念できる。

しかしこの時点では、与えられたポストが歴史の大きな歯車と連動するほどのものとは知るよしもなかった。

# 第二章　普遍的人権の戦後構想

# 第二章　普遍的人権の戦後構想

## 四つの自由

戦後問題課長として、人権に心惹かれるようになっていた。

それは合衆国の影響であった。この大国の戦後構想には最大限の注意を払わなければならなかった。そもそも、戦後構想なるものはすべてワシントンDC発であった。

真珠湾攻撃さえまだ起きていない一九四一年の初め、ヨーロッパでの大戦が終わる時のことを合衆国は考えていた。

ローズベルト大統領は年頭の一般教書演説において、四つの自由を基礎にした世界を作ることを高らかに宣言した。

そのうち「恐怖からの自由」は、軍縮を念頭に置いていた。国際連盟などの経験があったから、構想の手掛かりには事欠かなかった。

残りの三つは、そういかなかった。

「欠乏からの自由」とは何かについて、食糧という一つの答えをホットスプリングス会議は示した。しかし、これは試行錯誤の始まりであり、六年余りのち、所得と雇用を改善するため、IMF（国際通貨基金）、世界銀行、そしてGATT（関税および貿易に関する一般協定）が発足して、完全回答になる。

「言論および表現の自由」と「信教の自由」は一層、難題であった。近代初期における市民革命の成果だ

けがヒントであった。

こうしたものを「権利章典」と英語は呼ぶ。特に合衆国では、憲法の修正条項の別称でもあった。現下、猛威を振るうファシズムは、そうした従来の方法では解決できない、新しい課題を突きつけた。一国単位の人権保障では、指をくわえて他国の侵害を眺めるしかない。例えば、ドイツ国内におけるユダヤ人への迫害を止めるには、外からの干渉が必要である。内政不干渉のドグマを打破するため、「普遍的人権」という画期的理念が考案されたのは、この認識からであった。

かように並外れた知的試練であった戦後構想は、一般教書演説の時点では、まったくの白紙であった。急遽、国務省内にそれを担当する課が設置された。ちなみに国務省とは、他国の外務省に当たるものである。

## 世界の憲法

その指揮を執ることになったのは、国務長官特別補佐官レオ・パスボルスキであった。ブルッキングズ研究所に勤める経済学者であったが、専門家たちの知見を集約し、政策の効果を見極めながら、世論に目配りもできる有能なテクノクラートであった。

戦後構想は原子爆弾の開発がそうであったように、衆知を結集しなければ完成しない国家プロジェクトになった。彼の役割は、同時期のマンハッタン計画でいえば、J・ロバート・オッペンハイマーが果たし

た役割である。
原爆ほどではなかったが、戦後構想にもたくさんのスタッフが必要であった。
そうした人々を束ねたのが、国務長官コーデル・ハルを委員長とする戦後対外政策諮問委員会であった。このもとに、数個の小委員会が作られ、官僚と並んで、学者、弁護士、教育者、NGO（非政府組織）が議論に加わった。[18]
国務省は本気で世界の「憲法」を作るつもりであった。合衆国憲法がモデルである以上、国際版の権利章典が当然、起草されなければならなかった。
パスボルスキが民間人の知見を活用する際に気を遣ったのは、付かず離れずの非公式な提携関係を築くことである。
力を借りたのは、アメリカ法律協会（ALI）というNGOであった。その顧問たちが国際的権利章典について議論することになった時、オブザーバーとして、国務省員のダーワード・V・サンディファーを送り込んだ。
後日、できあがった報告書は、自発的に送付されてきた。[19]
パスボルスキは、決して正式には外部者に起草を依頼しなかった。企画が不採用になった場合や、特定の私人との癒着を詮索されるトラブルを避けるためであったろう。[20]
国務省版の国際的権利章典が完成したのは一九四三年夏のことである。
採用された権利は、宗教・表現・教育の自由から、経済・社会・文化・政治・情報の諸権利まで多岐にわたった。

た。ただし、財産権は社会主義国と開発途上国に配慮して外されていた。

本質的な問題点はそこではなかった。人権を「普遍的に保障」するには、各国に実施させなければならない。主権国家を従わせることは可能なのであろうか？

新たに作られる国際機構こそ、実施を徹底させる仕組みになるべきであった。それに関する議論は当面、先送りとされ、国際的権利章典は新国際機構の憲法から切り離されることになった。[21]

## 大国の壁

その秋、ハル国務長官はモスクワを訪れた。大戦の盟友であるイギリスおよびソビエト連邦と、戦後国際機構について話し合う時が来たのである。

そこで初めて、「一般的国際機構」の設立に三国は合意した。国際連合が胎児となった瞬間と呼んでもよい。

しかし、この機構の目的は「国際の平和および安全」にあるとされてしまった。四つの自由の中で、平和と安全は「恐怖からの自由」に当たる。

他の三つの自由を、ソビエト連邦がたやすく受け入れてくれるはずがなかった。大粛清と大飢饉はスターリン政権下で起きたのである。

つまり普遍的人権をはじめとする経済と社会における国際協力は、大国の壁に阻まれ、パスボルスキらの研究結果は振り出しに戻った。

ダンバートンオークスといえば、ワシントンＤＣの大使館街に近い緑豊かな邸宅である。

現在は博物館となっているこの建物で、米英ソに中国を加えた四大国は、一九四四年八月から協議した。各国が自国案を持ち寄る形であったが、開催国という地の利に加えて、準備も万端であった合衆国に一日の長があった。

そのかいあって、世界の諸国に向けて四大国が発する共同提案、すなわちダンバートン・オークス提案の作成では、失地挽回に成功した。モスクワ宣言で抜けていた経済社会分野の協力が、新国際機構の機能に添えられたのである。

こうして、人権および基本的自由の促進が国連の任務になることが確実になった。ハルは翌年、国連創設の功績が認められ、ノーベル平和賞を授与される。

## 国連人権委員会のアイデア

会議後、国務省は宗教団体などＮＧＯを集め、説明会を行った。参加者は権利章典がないことを知って、失望が隠せない様子であった。

確かに、四つの自由を大統領自ら華々しく打ち上げ、衆知を集めて国際的権利章典を起草したことを顧みれば、後退感は否めなかった。

エドワード・ステティニアス国務次官は、ＵＳスチールの会長も務めたことがあるハンサムな元ビジネスマンであった。

この説明会を任された彼は、諮問委員会に協力し、人権が世界秩序の柱となることを期待するＮＧＯの

心配をほぐさなければならなかった。

ダンバートンオークスで、経済社会協力が追加されたことを強調することにした。総会の権威のもとで、経済社会理事会が人権保障の責任を負うことになる。

「できるだけ広くドアは開いた」とステティニアスは語った。不十分ならば「次回、それを広げよう」と請け合った。

冷静なコメントを加えたのは、ある法律家であった。

今後できることといえば、経済社会理事会のもとに委員会を作り、後日、人権について研究および勧告させることくらいしかない、と打ち明けた。[22]

この法律家が言及したものこそ、国連人権委員会の原型である。

その斬新的なアイデアは、この年に出た第四報告書なるものに細かく描かれていた。

国連人権委員会は、国益に束縛されずに活動する自律的な団体である。委員に各国代表でなく専門家を当てる。そして、国際的権利章典を継続的に検討するとともに、その実施を保障するため、個人・国家・国際機構の架け橋になる。

さらに、困った人からの請願を受理したり、国内裁判所での訴訟のために法的支援をしたり、トラブルが起きた地域に事務所を設けたり、国際機構に勧告したりする。

後に生まれることになる難民高等弁務官事務所（UNHCR）や人権高等弁務官事務所（OHCHR）による機敏な活動を予言するかのようであった。

ただし、大国中心の世界を転覆してしまうわけではない。大国はこれまでも自国民を国内・国際問わず保護したが、今後は国連の中心に立って、人類の名において人道的な干渉を実施していくことになる。[23]

実はこの文書自体、国際連合協会（UNA）というNGOが作ったものであった。もっとも、この時点でそれは平和機構研究会と名乗り、会長は法的問題特別小委員会にも顔を出していた。

人権の国際保障は、挙国一致のプロジェクトがもたらした成果であったのである。

## トリック

ガルシアロブレスは第四報告書を読んだ。目から鱗が落ちる思いであったろう。

それまで明かされた戦後構想、つまり四つの自由、大西洋憲章、連合国宣言、モスクワ宣言などは、抽象的なことばかりで、具体的な機構像は皆目見当つかなかった。

自身が携わったホットスプリングズ会議は農業問題に限定され、世界経済の柱になるものか怪しかった。しばらく前には、『戦後のメキシコ』という冊子を執筆したが、まだブレトンウッズ会議も、ダンバートンオークス会議も開かれておらず、戦後秩序を描き切ることができなかった。[24]

それを、この報告書は見事に描いてみせたのである。

一九四四年夏、メキシコシティでは、米州法曹協会（IABA―FIA）の第三回大会が催された。すでに彼は報告書を入手していて、国連人権委員会の設置に賛成する演説をぶった。前回大会で承認されていた人間の権利義務宣言の作成についても訴えた。[25]

北米発の提言を、鸚鵡返しにしただけではなかった。ラテンアメリカの利益にかなうよう、トリックを施したのである。

それは、新型のカルボ・ドクトリンへの換骨奪胎であった。大国による干渉を防ぐために、外国人が母国に保護を求めることを禁じることにしたのである。

理屈はこうである。

普遍的人権には、私有財産権や裁判を受ける権利も含まれている。自由や財産が侵害されたならば、外国人でも、現地の裁判所に訴えて、救済してもらえば十分である。何も、母国に保護を求め、外交や武力で干渉させる必要はない。[26]

大国による提案を逆手にとって、外交的保護を廃止させる奇想天外なレトリックであった。

それは危うさも秘めていた。大国は、国連人権委員会を隠れ蓑にすればよいだけではなかろうか？

ともかくも、第四報告書に感化されたメキシコ外務省は、「『常設国家連合』憲法案」を作って、合衆国に送付した。

## 覚書

ダンバートンオークス提案はメキシコ政府にも送られ、意見が求められた。

予想していたものとは違う、と手に取ったガルシアロブレスは目を疑ったであろう。大国案は妥協の産物と化し、外交的保護の廃止どころか、人権そのものが軽く扱われていたのである。

不満をぶつけるかのように、大国案への「覚書」に取り掛かった。一か月足らずで、二〇四ページに及ぶ完成稿を書き上げた[27]。

前文は、作りかけの感じがする大国案に比べ、格調高い書き出しであった。

新国際機構の基礎は国際法である。「国家の権利義務宣言」と「人間の国際的権利義務宣言」がその憲法に付属文書として加えられる。それらの基準を加盟国は遵守しなければならない。

合衆国の国際的権利章典に当たるものが、人間の国際的権利義務宣言である。ダンバートンオークス提案では、個々の権利を具体的に列挙しなかったことを、覚書はあげつらった。もちろん、外交的保護の廃止についての持論もまくし立てた。

ほかに「覚書」で重要であるのは、次のような主要機関についての意見である。大国一致の原則には賛同しながらも、大国と小国がより平等になることを求めた。

・総会は、安全保障の問題でも安全保障理事会と同様の権限を持つべきである。
・安保理の理事国は総会での選挙で選ばれるのを原則とし、総会の決定次第では、他より長い八年の任期を有する「半常任理事国」を選定できるようにする。
・経済社会理事会を、総会・安保理・事務局と並ぶ主要機関の一つと認める。

# 第三章　チャプルテペックの有能な事務官

## 第三章　チャプルテペックの有能な事務官

### 米州

日本との戦争が迫ったころから、メキシコは合衆国と接近を始めていた。石油産業国有化については、補償を支払うことで一九四二年に和解した。それからは共通の戦争努力に邁進することになる。中心となったのは、親米派の外務大臣エセキエル・パディジャペニャロサであった。

ダンバートンオークス会議に先立つ夏、パスボルスキのもとを訪ねた。

彼は自ら進んで合衆国の立場を擁護した。大国が特別扱いなのは当然である。侵略に対処する武力を持ち合わせているのであるから、と。

ただし、と付言することも忘れなかった。ヨーロッパ、アメリカ、そして英領からさらに各一、二か国を交えて協議すれば、はるかに良い印象を与えるであろう。

米州会議とパンアメリカ連合に話題が移った。米州というのは、南北アメリカ大陸とカリブ海諸島を含む地域の総称で、西半球と同義である。

国連ができれば、米州の制度もそれに合わせなければならない。経済や社会の問題に取り組むことが必要になってくる、と熱く説いた。

この冬、外相会議を開いて、議論するのがよいであろう。[28]――この提案こそ、聡明なこの男がパスボルスキの門を叩いた真意であった。

チャプルテペック会議は、まさに米州と国連とを調節するための集まりになった。

メキシコシティの中心、やや西寄りにあるのがチャプルテペック地区である。かつて皇帝や大統領が住んでいた丘の上の宮城が会場になった。

パディジャペニャロサが訪米した次の月、ダンバートンオークス会議が開かれた。作成された大国案に対するラテンアメリカ諸国からの回答は厳しいものばかりであった。

国務省は心配になってきた。

## 大器

調査力はワシントンＤＣの強さである。職員は国家の目となり、耳となり、口となる。

多忙な一九四五年が始まった。一月末、会議に備え、メキシコ政府関係者からの意見聴取を本格化させた。安心材料であったのは、外相はじめ上層部が協力の意思を表明したことである。ただし彼らは一様に、他の米州諸国はそれぞれ譲れない原則を持っている、と指摘して、配慮を勧めた。[29]

担当課長のガルシアロブレスとの会談も二月六日に持たれた。

国務省員の目には、覚書での情熱はどことやら、議論のために覚書を提出したので、もう十分やることはやった、という感じの投げやりな態度に映った。

自分たちが上司たちと会談したことによって、部下たちは合衆国に協力的になったのであろう、と良いほうにとった。[30]

メキシコ側の上層部は半ば腰砕りであったにもかかわらず、覚書は合衆国側によって高く評価されていた。

駐墨大使ジョージ・S・メサスミスは、ラテンアメリカの諸見解を最も良く分析し、表現したもの、と評した。

ガルシアロブレスより十歳くらい年長のある国務省員は、彼の仕事場に出向いた時の様子を次のように語っている。

その後、私たちは世界機構についての楽しい会話に入り込んだ。我々が受領したあのメキシコのコメントは、彼が大仕事をしたものであることが明らかになった。彼は束ねられた何巻もの背景資料を見せた。小委員会にプレゼンテーションするためのメキシコのコメントを準備していた。事務方はメキシコ覚書の原本にあったような二列組のコメントを作っている最中であった。彼がまったく喜んで、ダンバートンオークス提案の実質的議論をサンフランシスコ会議まで先送りしている、と印象を受けた。[31]

大器の片鱗を見たのか、自己宣伝の名手であったのか、この職員は魅了されてしまっていた。

## 改革案

チャプルテペック会議は二月二　日に始まった。

一九か国から、代表・顧問・カウンセラー・事務官が総勢三三〇人以上、集まった[32]。最大の代表団は合衆国であり、メキシコとブラジルが次いだ。

戦争協力から社会問題まで、議題は様々であった。

なかでもチャプルテペック議定書という文書が有名になった。

後日、サンフランシスコ会議で、その中に盛り込まれた侵略への共同対応が、国連憲章の武力行使禁止規定に縛られて空文化するのではないか、と大騒ぎになったからである。

その結果、案出されたのが、憲章のもとでの同盟を合法化した集団的自衛権の概念であった。

この問題に、ガルシアロブレスはタッチしていなかったろう。むしろ、人権問題に異常なまでに入れ込んでいた。

そのことは合衆国国立公文書館に保管された一枚の文書から分かる。

「技術顧問　アルフォンソ・ガルシアロブレス」の名が、頭に印刷されている。国際会議の決議案に作成者の名前が現れることは、まずないことである。チェックが行き届かなかったのであろうが、つい記名してしまったミスに、思い入れがにじみ出ている。

決議案は「国家の権利義務宣言」と「人間の国際的権利義務宣言」をパンアメリカン連合でも作成することを求める内容であった[33]。

より広く浅い改革を望む合衆国などと調整した結果、新決議案が採択された（決議九）[34]。パンアメリカン連合の具体的な再編を、三年後、コロンビアのボゴタで開催される米州会議に先送りするものであった。

このように、おおむね合衆国のコントロール下で議事は進むように思われた。

ところが、ロベルト・コルドバというメキシコの駐コスタリカ大使が、合衆国に煮え湯を飲ませる事件が起きた。

彼が提案した決議四〇は上のものと同様、人間の権利義務宣言の起草を依頼する内容であったが、合衆国にはその一節が、許容範囲を越えて「攻撃的」であると映った。

北の巨人と呼ばれる合衆国とは、歴史認識が異なっていた。

大国は外交的保護を「誤用」して、不干渉の原則を侵害してきた、と決めつけたのである。そればかりか人権の国際保障を導入することによって「誤用」は除去される、と勝手なことを書いていた。

内容はガルシアロブレスの国際保障案と紙一重にすぎない。しかし、口調は紛れもなく誹謗中傷であった。

コルドバが頑強に主張したがために、決議が通過してしまったのである。[35]

## 天王山

一枚の写真がある。額が広い柔和な風采の青年外交官が三三歳のガルシアロブレスである。

拍手を送る白髪の紳士はステティニアス。ハルが健康上の理由で退任したため、国務長官に抜擢されていた。

二人の位置関係は外交界の月とスッポンに近かった。この白皙の青年が、三十数年後にノーベル賞を授けられるとは、誰が予想したであろう。

委員会Ⅱの開会式。左がステティニアス、右がガルシアロブレス。208-MC-42, National Archives at College Park, MD.

チャプルテペックにおける委員会Ⅱでの光景である。開会に際して、委員長のステティニアスは事務担当の彼を紹介した。その名誉ゆえに、満面の笑みがこぼれた。

大きな国際会議では、本会議は委員会に作業を割り当てる。多くの議題を本会議だけで審議すると、必ず時間がなくなるからである。

国務長官ともあろう人が直々に委員長を務めたのは、どうしてであろうか？

委員会Ⅱは、世界機構、すなわち国際連合について審議することになっていた。重要性はパンアメリカン連合の比ではない。この天王山に、惜しげもなく代表団のエースを投入したのである。

ガルシアロブレスはというと、メキシ

コの立場を主張することは許されなかった。配属された事務方は中立な存在であるからである。

しかし、与えられた使命は代表団に劣らなかった。

会議全体を熟知した彼だからこそ、ステティニアスの相方となって、議事進行を調整することができる。委員会ならではの、込み入った議論や本音の談判に辣腕をふるうことが期待されていた。

## 紳士協定

黒幕たちが、会議を丸く収める術を練りに練ったに違いない。

本音の折衝をするには、委員会Ⅱでもまだ大きい、と感じられた。

そこで、さらに小委員会（調整委員会）を設けることが決められた。ベネズエラの外相を委員長に、パスボルスキとコルドバを委員に入れ、ガルシアロブレスを事務官に据えた。

合衆国側の至上命題は、ダンバートンオークス提案を是認する決議を通すことである。修正を迫られれば、英ソ中への信義が立たなくなってしまう。

他方で、ラテンアメリカ側の大国案に対する姿勢は強硬であった。

国連の目的に、個人の権利義務と基本的自由を加えるように求めたのは五か国に上った。国家の権利義務宣言および人間の国際的権利義務宣言を後日、国連総会が発することを、キューバとメキシコが約束させようとした。[36]

もはやこれらの主張を諦めさせることはできないし、合衆国までが変心して同調することもできない。

無風で自国案が承認されれば、米州の諸制度をいずれ改めよ、とか、議論百出の国連構想を全世界が集うサンフランシスコで再提議させよ、とかいった程度の要求は、北の巨人は呑むつもりでいた。[37] 黒幕たちは、事を荒立てずに大人の対応をする方策を謀ったであろう。そして紳士協定が妥結したと信じたであろう。

つまり、決議案の本体からは毒気を抜いて、合衆国にとって無害なものにし、通過させる。他方、ラテンアメリカ諸国の主張は、別個の報告書にまとめて本体から切り離し、サンフランシスコでぶり返すことを黙認する。

報告書の執筆はベネズエラ外相に託すことにした。

## コルドバ

このような周到な根回しにもかかわらず、二月二八日になって青天の霹靂が走った。

あのコルドバが独自案を上程したのである。メキシコは合衆国案を支持すると確約したはずであった。

その日、口火を切ったのはキューバの委員であった。安全保障理事会の常任理事国が選挙もされないというのは非民主的である。総会に権威がないのも非民主的である、と。

次に、コルドバがメキシコ案を読み上げた。この場でそうしておかなければ、サンフランシスコで行動する自由がなくなってしまう、と弁解した。

パスボルスキは、持ち帰って研究する、と言ってその場を収めようとした。

しかし、バラバラの見解を報告書で伝えるだけでなく、米州として統一の勧告を打ち出すべきである、という意見は根強かった。とりあえず、報告書を見てから検討しよう、という流れになった。[38]

黒幕たちの筋書きに従わないコルドバという男に、がぜん注目が集まった。

若いころ、テキサス大学に留学した彼は、親米か、反米か、という安直な物差しでは、前者に分類されてしかるべきであった。

国務省員は情報収集に走った。

合衆国への敵意は、まさに留学中、植えつけられた何らかのコンプレックスによるものかもしれない。確かに彼は、自分は「ステティニアス氏のネガ」である、とぎこちない笑みを浮かべて語っていた。白髪・白肌のステティニアスの渾名は「白雪姫」であった。コルドバは白髪であったものの、肌の色は浅黒かった。ネガというのは、対照的な立場の違いばかりではあるまい。

国務省員は、合衆国の「鼻面を泥まみれにする」ことがコルドバの目的である、と結論した。[39]

自分が理解できない他人の行動が、人種をめぐるおどろおどろしい話にすり替わってしまう。自己中心主義の恐さである。

**疾風怒濤**

切り崩しのために与えられた時間は長くなかった。

標的に定めたのは、本会議の議長を務めるパディジャペニャロサ大臣であった。

三月一日、パスボルスキは外相宅に直訴した。信頼する部下であるガルシアロブレスと相談するよう外相に告げられた。

その晩、ガルシアロブレスと二人で草案を練り直した。[40]

約四十年後、パスボルスキについて彼は回想する。

「その時、小委員会における合衆国代表は非常に有能な人で専門家であった。合衆国の技術者、専門家において、ダンバートンオークス提案の準備で最重要の役割を果たしたのは彼であったと思う。非常によく主題について知っていた」[41]。

パスボルスキに対する敬意は、師匠に対するそれに近かった。

次の日、参加国の意見が記された報告書ができあがった。それでも、膠着状態は打開されなかった。コルドバたちが、米州の合意事項を決議に入れろ、と譲らなかったからである。

ガルシアロブレスは、自ら起草した覚書に手を焼かされ、悲しげであった。

三日朝には、コルドバには上司の外相さえお手上げであることが露呈し、時間切れが視界に入った。[42]

膠着はその午後、一挙に弛んだ。厳しい折衝のあと、パスボルスキが決議本体に合意事項を盛り込むことを受け入れた。

彼は疾風か、怒涛かのように、これまでの文案をつなぎ合わせて決議案を作り上げた。合意事項の中には、国連憲章における原則および目的の強化や総会機能の強化といった、中小国の要求が盛り込まれた。

コルドバは依然、反対であったものの、もはや孤立していた。[43]

後にガルシアロブレスは、決議三〇の意義を認めつつも、特に総会の強化については結局、何も得ることができなかった、と苦々しく語っている。
しかし、チャプルテペック会議が無駄であったわけでない、とも言い添えた。そのおかげで、すべてのラテンアメリカ諸国がサンフランシスコで積極的に参加するようになったからである。[44]
コルドバは仲間に闘志を与えたのである。

## 賛辞

最終日、ステティニアスは感謝の言葉を贈った。
迅速に良好な議事録を配布したガルシアロブレスの事務処理能力には定評があった。「全員が深くお世話になった有能な事務官」の「疲れを知らない効率的な尽力」を彼は称えた。[45]
会議後、再び国務省員は報告した。
「ガルシアロブレス学士は温和な人であるが、委員会Ⅱの作業過程において、能力、所見の明確性、そして恐らく外見からは想像つかないであろう目的意識の強さを有する、と判明した」と記されている。[46]
三月末には、目前に迫ったサンフランシスコ会議の参加者に関する情報が、メサスミスから本省に伝えられた。
彼については、「協力的な態度を省は知っている」とメモされている。[47]
この時代の合衆国の外交官には良家の子弟が多かった。そうした階級の価値観から見て敬意を払われる

資質を彼が有していたということが分かる。

反米の憎まれ役を買って出たコルドバのその後はというと、一九五五年に国際司法裁判所の判事となり、外交官人生を全うした。

反米であるからといってキャリアを棒に振るとは限らない。この命題を、我々は皮肉にもガルシアロブレスについて再三、確認していくことになる。

# 第四章　サンフランシスコ会議での苦闘

## 第四章　サンフランシスコ会議での苦闘

### 車中

メキシコ代表団はエルパソで国境を越えた。

北へ向かうサンフランシスコへの列車には、パスボルスキが同乗していた。ワシントンＤＣから南部経由で移動し、途中で落ち合ったのであろう。

四月二一日の昼、彼とメキシコ代表団は会食した。

チャプルテペックで封じ込まれた国連憲章をめぐるラテンアメリカの鬱屈が噴き出し、両者は衝突した。まず、パディジャペニャロサ外相が理想の力について述べた。個人と国家の権利義務を憲章に組み込む熱意を吐露した。新型カルボ・ドクトリンにまだ執着していたのである。

対するパスボルスキは、権利章典を丸ごと含めることは不可能である、と答えた。

メキシコ側は今度は、もっと国際法を強調すべき、という意見をぶつけてきた。

パスボルスキは、政治的な行動の余地もなければならない、と打ち返した。そればかりか、国際法を維持するために国際共同体が干渉することは、むしろ必要、と大国の立場をダメ押しした。

それでもメキシコは、安全保障理事会の問題に話題を移して食らいついた。全理事国を民主的に総会で選挙したい、というのである。

そのことについては、サンフランシスコで決めるか、国連ができてから総会で決めるか、主権国家であ

る参加国が選べばよろしい、とパスボルスキの切り返しはますます冴えわたった。

最後の論点である総会の強化では、マヌエル・テジョバウラウド外務次官が立ち向かった。国際連盟代表の前歴がある経験豊富な外交官である。小国の代表は、国家主権の平等を主張する傾向がある。

彼は国際の平和および安全についても、安保理をチェック・アンド・バランスする役割を総会に持たせたがった。そうなれば、安保理が動かなくても、緊急事態に対応できると考えたからである。

パスボルスキは、総会が安保理を支配するのか、と鋭く反問した。メキシコ側の内部に統一がないことも見抜かれた。合衆国には反米的と映るこうした一派が、対米協調派の外相を差し置いて、外務省を支配していたのであろう。

会食後、ガルシアロブレスと同行してパスボルスキは客車に向かった。

また安保理の話になった。

拒否権によってそれが行き詰まることを心配している、とガルシアロブレスは述べた。冷戦時代に実際そうなると考えると、先見性がある意見である。

パスボルスキはもっと達観していた。

大国を強制することは戦争を意味し、そうするほかないというなら国際機構は崩壊する。これがダンバートンオークス提案の命題である、と。

その考えを同僚に伝えます、とガルシアロブレスは言った。[48] いつのまにか、人権よりも拒否権のほうが彼の心を占めるようになっていった。

翌日、サンフランシスコに列車は到着した。

ホテル街の中央公園ユニオンスクエアに向き合うホテル・セントフランシスは、今はウェスティン傘下で営業している。彼の部屋は七五九号室であった[40]。

これとホテル・サーフランシスドレイクが、二一か国の大勢力を擁したラテンアメリカの本拠であった。その結束は長く語り継がれることになる。親枢軸国であったために会議から排除されていたアルゼンチンの参加を認めさせた運動は神話となった。

ソ連代表団とも、ラテンアメリカは同宿であった。

ザ・フェアモント・ホテルに陣取った合衆国代表団に行くには、ちょっとした急坂を登らねばならなかった。ガルシアロブレスと合衆国との関係も離れ始めた。

## コンサルタント

現在、ニューヨーク国連本部の見学に参加すると、軍縮・開発・平和維持と並んで人権の解説を聞かされる。

国連憲章には七か所も「人権」という言葉が現れるが、なかでも、第一条三と第六八条は重要である。これらのおかげで、人権は国連全体の目的となり、また、世界人権宣言を作ることになったからである。

人権を国連のセールスポイントにした功労者と目されてきたのは、平和機構研究会のようなNGOであった。

メンバーには戦後対外政策諮問委員会に属す者が多かったゆえ、国務省からはコンサルタントと呼ばれ

ていた。その名残で、国連とNGOとの関係には「協議（コンサルテーション）」という語が使われている。

コンサルタントの中に、西海岸まで赴いて指導的な役割を果たした者がいた。

クラーク・M・アイケルバーガーも、やはり諮問委員会と平和機構研究会の掛け持ち組であった。彼は国際連合協会の初代会長になる。

市庁舎裏のオペラハウスと退役軍人ビルが、サンフランシスコ会議の会場である。

そのオペラハウス内で、コンサルタントたちは昼食をとることを許された。事務局を務めた国務省の職員にとっては、同僚であるという感覚があったからであろう。

他方、合衆国の代表団は、湾を見下ろす丘ノブヒル頂上のフェアモントを本陣に定めた。その一階、ガーデンルームにもコンサルタントたちは招かれ、意見を交わしていた。[50]

## SOS

会議は四月二五日に始まった。

最初の仕事は、ダンバートンオークス提案への修正案を参加国が準備することである。合衆国の場合は、大国グループである米英ソ中の間の調整に参加した。

五月一日のことである。

アイケルバーガーはバージニア・C・ギルダースリーブに呼び出された。

彼女は女子大の学長であった。女性参加を推進する大義のもと、代表の一人に抜擢された回転ドア組で

あった。その前には、第四報告書に署名していたから、コンサルタントたちとは同志であった。

　突然の呼び出しには理由があった。四か国の協議に提出される合衆国の修正案には、第四報告書が求めた人権委員会が載らない、と判明したのである。

　SOSを受けて早速、アイケルバーガーは人を集めた。第四報告書に基づきながら、要望を書簡形式で文書にした。憲章中の七か所の人権条項のうち、目的・総会・人権委員会の三か所と、実現しなかった原則の部分である。[51]

　五月二日は後世、コンサルタントたちの回想において伝説の日となる。

　その会合が五時から開かれ、ステティニアス国務長官が立ち会った。現在、フェアモントのガーデンルームの前には次のようなプレートが掲げてある。


　**この部屋において、国際連合憲章を起草した国際機構に関する会議における合衆国代表団に随った四二国内団体のコンサルタントたちが会合した。その貢献は、特に人権ならびに国連と私的団体との協議に関する諸規定に反映された。**

　つまり、突き上げが国務省を動かし、国連憲章をより良いものにするのに成功した、という見解である。

## 国務省の狙い

コンサルタントたちの回想録は功績を誇張している、という意見もある。[52]

ダンバートンオークス後、ステティニアスが挽回を請け合ったのであるから、突き上げがなくても自発的に最善を尽くした、というのは筋が通っている。

事実、国務省は着々と手続きを進めた。ワシントンDCにいる間に、人権を国連の目的の一つとする方針が決定され、大統領に伝えられた。[53]

第一条三についてはこれによってほぼ確定していたので、NGOの功績云々は絵空事と言わねばならない。

なぜ、プロの外交官が人権の奨励にそれほど熱心であったのか。背景には、権利章典を断念して以降、行われた政策の研磨があった。

「情報の自由」という概念に、特別な興味を持つようになっていたのである。

それは、ジャーナリストの情報収集・発信を自由化することである。諸国間の相互理解が進み、平和を保証する。つまり、ナチスによる焚書のような、全体主義国家による情報の完全統制から人民を解放し、中に合衆国の味方を作ることができる、と考えた。

市民団体のように素朴な理想からではなく、プロの外交官が自分たちの仕事をやりやすくするために練り上げた戦術であった。

むろん、ソ連がこのような決議に同意するかは疑わしかった。同意したとしても、実践するとは国務省

も見なかった。

二兎を追わず、優先すべきは国連憲章であった。合衆国は、サンフランシスコで情報の自由を決議することは諦め、国連ができてから、人権委員会かどこかで研究し、勧告させるのを狙うことにした。[54]情報の自由条約は実際、人権委員会において審議されたものの、署名には至らなかった。ウィンストン・チャーチルが「鉄のカーテン」を批判し、それは冷戦におけるプロパガンダの戦場になっていた。NGOと国務省は同床異夢の関係であった。国務省は真意を悟られないよう、NGOに振り回される振りをして、人権委員会の旗を振らせ続けた。

## 四大国

世界人権宣言への道筋がついたのは、人権委員会の条項が加えられた時であった。ダンバートンオークス提案では、経済社会理事会の下に「経済委員会、社会委員会、および他の必要とされる委員会」が設置される、と記載されていたにすぎない。相棒であるはずのイギリスが、それらについての言及さえ削除させようとした。いかなる委員会が置かれるかは、国連発足後に決めればよい、というのである。ステティニアスもそれでいこうと傾いていたところ、右のギルダースリーブによる急報があったわけである。五月二日のコンサルタント会合の後、代表団側も人権委員会の設置を提案することにした。これはNGO側が断固として要求したからこそできたことである。

翌日朝、米英ソ中の四大国協議が開かれた。

イギリス首相クレメント・R・アトリーは削除の主張を繰り返し、ソ連のビャチェスラフ・モロトフ外相も同調した。アンソニー・イーデン英外相の示唆により、小委員会を設けてこの問題を検討することになった。

その夕方、合衆国代表団の会合で検討結果が報告された時、人権委員会がどうなったかには触れられなかった。圧力をかけるべきである、と発言があって、そうすることにした。

午後九時四〇分から四大国協議が催された。

合衆国側が人権委員会を挿入したいと述べた。アトリーは、委員会の具体名は入れたくない、と言いつつも結局、この文言でよいとした。[55] 合衆国の粘り勝ちである。

## 三つの肩書

ガルシアロブレスは人権をめぐる論争の蚊帳の外にいた。上のような状況では、我が子のような外交的保護の廃止を勝ち取れるはずもない。

そもそも、彼に与えられた任務はそれでなかった。

戦後問題課長として、まず事務長の任を負い、設営を統括した。

相変わらず生真面目に、団員の世話を焼いていたことであろう。集合写真に。神妙な顔つきで、イワシのように背骨をピンと伸ばした姿が写っている。

ほかに肩書が二つあった。

調整委員会における次席として、代表のテジョバウラウドを支えるのが一つである。それは、会議の司令塔である執行委員会を補佐する役割であった。実情は、各委員会から上がってきた条文を校訂する作業ばかりで、大演説を打つ機会に乏しかった。

ただし、代表たちは多士済々であった。パスボルスキもいた。車中で別れてから、彼らの関係を示唆するものはない。

オーストラリアは外相のH・V・エバットを出した。中小国の先頭に立つ論客であった。中国の顧維鈞は第一次大戦のパリ講和会議にも参加したベテラン、ソ連のアルカディ・ソボレフは有能な実務官僚であった。

もう一つの肩書は、委員会Ⅲの下の小委員会三での代表である。一介の公使参事官の階級であったので、小委員会担当なのは致し方なかった。

**ネズミ**

安全保障理事会の構造と手続きを小委員会三は扱った。

国連の核心は拒否権、と言われる。自らの望まない決定を阻むことができる大国の特権的な地位は、最重要議題の一つであった。

その実質的な討議に加わることができたことは、本望であったろう。国際会議の議事は最上位の本会議

UN Photo/Moree サンフランシスコ会議でのメキシコ代表団。立っている左から四番目がガルシアロブレス。座っている左から三番目がテジョバウラウド、五番目がパディジャペニャロサ、右端がコルドバ。
[exact date unknown] 01 June 1945 San Francisco, United States, Photo # 84194

に近づくほど形式的になり、つまらないものである。

小委員会三における議事記録は、要約の形でしか残されていない。具体的な発言者名は示されず、「メキシコの代表は……した」といった形で記される。

五月五日の発言では、常任理事国の議席を将来の事情変更に合わせて定期的に再検討するのが望ましい、と訴えた。ガルシアロブレスかは不明であるが、物怖じしない、いかにも彼らしい内容である。

これに答えた合衆国代表も、誰かは分からない。前国務長官・現上院議員・元州知事とお歴々が並び、他の委員会より多くの団員が

配置されていた。

にべもない答弁であった。ダンバートンオークス提案は会議の基盤なので、わずかな修正しか認められない、というのである。[57]

拒否権をめぐって、大国と非大国との対立が先鋭化していった。

後者の指導者はエバットであった。オーストラリアは、緊急時に拒否権が発動されることを望まなかったので、拒否権をむしろ例外にしようと修正の努力をした。

五月から六月の初めにかけては、議題を安保理に上げる手続きそのものが拒否権の対象になるのかについて紛糾した。合衆国の特使がモスクワを訪れ、スターリンの見解を質すことまで行われた。[58]

譲歩はほとんど勝ちとれなかった。

六月一二日にメキシコ代表は、「ネズミが踏み潰され、ライオンがのさばる世界秩序」が樹立されようとしている、と発言している。[59]

会議の終盤、委員会Ⅲで演説する機会がガルシアロブレスに与えられた。

総会による常任理事国の選挙を提案した意図は、選考基準を明らかにするためであった。基準とは何かというと、平和を維持する責任を果たす能力である、という。

彼の説明では詰まるところ、大国は自動的に有資格者になる。大国の責任を語ったローズベルトやグロムイコらの発言を長々と引用し、釘を刺したつもりであったろう。[60] 大国の特権を掘り崩すのに成功したとは言いがたい。

後に、拒否権に対する闘いで先陣に立った者を三人挙げた。エバットとニュージーランド首相と彼自身である。

自らについては「少し貢献した」とコメントを足した。[61]

## ヒロシマ

国連憲章は六月二六日に署名された。

帰国後、「サンフランシスコ会議とその成果」という大部の報告書をまとめ、会議における得失を総括した。[62]

一〇月二四日に憲章が発効して国際連合が成立するまでの間、ヒロシマとナガサキに原子爆弾が投下された。ヒロシマでは一四万人、ナガサキでは七万人が年内に命を失った。

翌年、総会は第一号の決議として、原子力委員会を立ち上げた。

核エネルギーの軍事利用と平和利用をまとめて管理する野心的な計画が作られたものの、早速、ソ連の反発に遭って、挫折した。

冷戦の主役は核兵器に奪われた。国連は、それをめぐってセリフが発せられる舞台となった。

# 第五章　国連事務局の若き部長

# 第五章　国連事務局の若き部長

## ニューヨーク

大仕事を終えた彼は、ヨーロッパの小さな公仕館で骨休めをしたいと希望していた。[63] 国益を背負った疲労はよほどこたえたのであろう。

国連総会の第一会期はロンドンで開かれた。マンハッタンに聳える本部ビルも、そこで働く数千人の職員も、組織の顔である事務総長も、当時はまだ存在しなかった。

しばらく経って、ノルウェーの外相であったトリグベ・リーが事務総長の座に就いた。憲章第一〇一条、すなわち、職員は事務総長が任命する、という規定に基づき、採用が本格化した。

現実には、リーに与えられた人事権は広くなかった。職員採用について「なるべく広い地理的基礎」という基準を同条第三項は示すが、事務総長もこれに縛られるからだけではなかった。

何事も、権力が物を言う。五大国の分け前が彼の着任前に決まっていたことは、合衆国が作成した文書から明らかである。

ソ連には政治・安保理問題局、イギリスには経済問題局、中国には信託統治局、フランスとラテンアメリカには公共情報局と法務局、とポストが配分されることになっていた。各局内についても、同様の政治的配慮のもとに職員が採用された。[64]

一般政治部長の人事権を握ったのは、政治・安保理担当事務総長補（局長）のソボレフであろうことが察せられる。ガルシアロブレスとは、サンフランシスコの調整委員会と委員会Ⅲで一緒であった。ソボレフはなかなか空席を埋められなかった。三月末に合衆国国務省員に、百人必要なのにまだ十人しか埋まっていないので誰かいないか、と尋ねている。[65]

メキシコからの推挙を取り次いだのは、国連大使になったパディジャネルボであった。当時の外相を通じて、ガルシアロブレスに話が持ち掛けられた。

彼の答えは、一年後であれば行ったのに、と乗り気なかった。大臣は、該当者なし、と返事した。[66]十日後、今度は彼を名指しした電信が届いた。名誉なこと、と言う大臣の勧めに従ってニューヨークを訪ねることにした。

応対したのはソボレフであった。一般政治部には五つの課があり、四、五〇人の職員を雇うが、契約したのはまだ二人である、と心が躍る話を聞かされた。

帰国して書類を整理した後、再渡米し、八月一日付で正式に一般政治部長に就いた（一九五二年から政治問題部長）。身分的には外務省からの出向であったので、復職は可能である。[67]

この年末、事務局には年俸一万ドル以上の幹部が四二人いた。三五歳の若さにして彼はその一員に名を連ねた。[68]

ストックホルムの公使館を離れてわずか五年のうちに、最底辺の三等書記官から中堅幹部へと、出世の階段を駆け上った。

**ソボレフ**

当時の混乱を示すものに施設があった。

ブロンクスのハンター大学を借りた短期間の後、一九五二年まで、ロングアイランド島の二つの敷地に国連機関は分散した。

マンハッタン島から約一〇キロ東方のフラッシングに戦前、博覧会のために建てられた施設があった。それが総会の議場として使われた。現在のクイーンズ美術館である。

さらに約一〇キロ東のレイクサクセスでは、工場を借り上げて、事務局が入居した。市外に位置して不便なため、レストランもないと評判が悪かった。

仕方なく、マンハッタンの本部が落成するまで、総会はパリでも開かれた。

政治・安全保障局の人間関係も、満足できるものとは言い難かった。

事務総長補のソボレフは無口な秘密主義者であった。局内には他にソ連人が五、六人いて、西側出身者には不気味な存在であった。

ナンバーツーである主任部長のドラゴスラフ・プロティッチはユーゴスラビア人であった。愛想がよく、英語とフランス語が達者であったので、合衆国代表団にとっては局内事情を知るのに重要な情報源であった。

もう一人、中華民国の郭斌佳が主任部長の要職にいた。ソボレフに従属し、彼と相談せずには物事を決められない、と合衆国は考えていた。

ところが、彼の姿は一九五〇年には消えていた。国共内戦における共産党の勝利がソボレフとの関係を難しくしたことであろう[69]。

ソ連人の一派は事務局に摩擦をもたらした。

ある人物は、植民地についての知識もないのに信託統治局の部長になった。ソボレフの引きでポストに就いたのに、逆に敬意を払われていた。

一時帰国してから、その年、総会が開かれたパリに戻らなかった。真相は不明であるが、人々は彼を秘密諜報員と考えた[70]。

ソボレフ自身、任務を終えて国に帰った。

国連では、しばしば大国には定席がある。同国人のコンスタンティン・ジンチェンコが事務総長補の職を継いだ。

## ボイコット

ジンチェンコには歴史、国際法、国際関係の知識がない、とプロティッチは合衆国代表団に愚痴をこぼした。

もちろん、国連の手続きや事例も知らない。赤ん坊にスプーンで食べ物を与えるように国連の教養を「教化」している。その最中は、彼は友好的である。

いつも一緒であるので自分もソビエト陣営に属していると思われるのでないか。プロティッチは、おど

けてそう語った。[71]

嵐の前の静けさであった。

一九五〇年六月二五日、北朝鮮軍が北緯三八度線を越え、朝鮮戦争が勃発した。

かねて、ソ連は安保理をボイコットしていた。国連ではいまだ蔣介石の国民党政権が中国を代表していたことに抗議するためである。

北朝鮮の快進撃に水を差したくなかったジンチェンコは、安保理の緊急開催を延期させようとした。ボイコットしていたソ連大使が参加に合意した、と出まかせを言ってまで、時間稼ぎをしようとした。[72]国益から自由であるべき職員が出身国の国策に同調したのである。

三十年後、ガルシアロブレスは、最初の二、三年は事務局員たちは自分がしていることを信じていた、理想への熱意をもって行動していた、と述懐した。[73]

とすれば、このころから無気力は広がったのであろう。

もっとも彼だけは腐らずに、マイペースに仕事をした。

## パレスチナ

パレスチナ情勢は風雲急を告げていた。

民族の故郷に向かうユダヤ人の密航は、当局の封鎖にもかかわらずやまなかった。イギリスの委任統治に反発する軍事組織はテロリズムに訴えた。

こうしたユダヤ勢力の拡大をアラブ人は決して許さなかった。

一九四七年四月、事態を持て余したイギリスは、特別総会の開催を要請した。翌月、報告書を作成する目的でパレスチナ特別委員会が設置された。

委員は一一か国の代表で、スウェーデン代表が委員長に選ばれた。

事務局が誰を出すか、は特別総会での審議中から囁かれていた。トップの事務総長特別代表は胡世沢、ナンバーツーの主任事務官はガルシアロブレスに決まった。

あるパーティで、合衆国代表団員は彼から話を聞いた。胡世沢の能力は評価していない。自身のパレスチナ行きも、一般政治部の仕事が心配で、乗り気でない、とのことであった[74]。

六月の半ば、エルサレムに委員会は飛んだ。委員長と胡世沢と彼自身の三人の写真が新聞に載るほど世間の注目度は高かった。

作業はＹＭＣＡで行われた。

彼の役割に、個人・団体からの手紙や電信を読み上げることがあった。入植に伴う土地問題や、ユダヤ民族が国家を持つ権利といった大きなテーマはもちろん、拘置者の釈放を求める家族の陳情など私的な話題も多かった。

七月、アラブ側がエルサレムでの聴聞を拒否したため、レバノンのベイルートに委員会は移動した。

仕事を終えると、今度はヨルダンの首都アンマンを訪れた。

アブドゥッラー王自らが饗応した。出されたアーモンド・ジュースによほど感動したのか、後年の回想

で触れている。[75]

最後に、ジュネーブに移動し、報告書がまとめられた。

この報告書がもたらしたのは悲劇であった。アラブ人国家とユダヤ人国家を建てるパレスチナの分割を求めていた。アラブ側が反対の姿勢を崩さないまま、総会は決議を採択した。

翌年、イスラエルが一方的に独立を宣言し、中東戦争が始まる。

特別委員会の主役は各国代表であり、事務職員は報告内容に何もなしえなかった。

彼にも目立った逸話はない。紛争解決では、終生、成果を残せない。

## スエズ

国連を辞める直前、中東での仕事が再度、回ってきた。

スエズ戦争の後始末である。国連緊急軍（ＵＮＥＦ）を派遣する総会決議によって停戦が実現していた。

停戦、兵力引き離し、そして運河の復旧へと至るプロセスに、リーを継いだダグ・ハマーショルド事務総長が辣腕を振るった。

彼は独自のアプローチで国連を強くしようとした。

ガルシアロブレスのように憲章その他のルールを増やして強くするのでなく、ルールに抵触しない限りで、その隙間を積極的な行動によって埋めることができる、と信じた。

スエズの現場をハマーショルドは視察旅行した。ガルシアロブレスは補佐官として随行した。

事務総長はすぐに帰ったものの、彼の個人代表としてカイロに残留し、掃海作業などについてエジプト政府と折衝した。

滞在は一九五六年一一月から翌年一月にかけての二か月間、国連を辞職する直前であった。[76]

## ボゴタ会議

華やかに聞こえる国連職員といえども、各国代表団の前では黒子に徹しなければならない。トップのリーさえ、平和二十年計画なるものを提案した時には、冷たい視線で迎えられた。

ガルシアロブレスについては、パレスチナ特別委員会が活動を終えた後、匿名性の闇に隠れてしまう。やはり国連職員であったペルー人ファナマリア・シスロと一九五〇年に結婚したことが、数少ない知られる履歴の一つである。四〇歳目前の結婚であった。ファナマリアは、アルフォンソとフェルナンドという二人の男子を産んだ。[77]

私生活と同様、公務でも、孤独でなかった。憲章上の権限は小さくても、噂話には耳が早いのが事務職員である。

彼の場合は、スペイン語を話すラテンアメリカ諸国から、話を聞かせろ、と引っ張りだこであったろう。スペイン語は中国語・英語・フランス語・ロシア語と並んで公用語の地位を得ていた。

それを窺わせるのが一九四八年の出張である。

この年、コロンビアの首都ボゴタで米州会議が開かれた。メキシコ人にとっては友人宅のような感覚で

あろう。

チャプルテペックで先送りされた、パンアメリカン連合からＯＡＳ（米州機構）への改組を実現するのが議題であった。

国連は米州の一員ではなかったので、オブザーバー資格での参加であった。団長にはある事務総長補が任じられ、彼は次席であった。

よく出た会合は委員会Ⅵである。そこでは、我が子のような人間の権利義務宣言が審議されていた。ＯＡＳの主要文書であるボゴタ憲章とは別個の文書にするか、法的拘束力を持たせるか、が争点であった[78]。結局、独立の文書になったが、法的拘束力については曖昧にされた。

オブザーバーの彼に会議中の発言権はなかった。休憩中は、旧知の外交官たちと思い出話を交えて談笑などしていたろう。

心の中では、人間の権利義務宣言の行方が気がかりであったに違いない。

ちなみに、この会議は「ボゴタソ」と呼ばれる暴動の引き金になった。

高尚なイベントから疎外され、生活に苦しむ民衆が暴力をもって抵抗の意思を示すことは、世界各地でしばしば見られる現象である。

## 世界人権宣言

国連でも、世界人権宣言の起草が進んでいた。

国連憲章が発効するやいなや、国連協会のアイケルバーガーは人権委員会を設けるよう国務省に圧力をかけた。

委員の資質にまで注文した。

出身国政府の立場に縛られず、全国家・全人民から支持を集められる道徳的判断と実際的感覚を兼備した男女、と示唆した。

選ばれたのは、前大統領夫人のエレノア・ローズベルトであった。彼女との連絡役は、あのサンディファーが務めることになる[79]。人権を推進したのは、国籍や、官民か問わず、志の力であった。

ローズベルトを委員長とする国連人権委員会は草案を作成した。総会での採択のため、社会・人道・文化を扱う第三委員会に送られた。

待ち構えていたのはラテンアメリカの代表たちである。

「無数の修正案を出し、止めどなく話し、無限の手続き動議を提起した」とは、サンディファーの表現である。作業は著しく遅延した。

それを「幼稚」と表現する国務省員もいた。ラテンアメリカ人が「名誉」という言葉に特別な意味を込めてこだわることも奇異に思われた。

特に、キューバ代表は、優秀であるがゆえに最も手に負えなかった。他のラテンアメリカ代表にも支持されていた。

彼はボゴタの委員会Ⅵで、ガルシアロブレスと顔を合わせている。どういう交流があったかは、想像す

るしかない。
ソ連による妨害と相乗効果を発揮している、と合衆国は困り果てた。[80]

## ラテンアメリカ

一九四〇年代末、ラテンアメリカはもはや合衆国のジュニア・パートナーの地位に甘んじなかった。独立したグループに成長していたのである。

アラブも、アジアも、スカンジナビアも、東・西ヨーロッパも、コモンウェルス（英連邦）も、そうであった。それぞれ、コーカスという会合を本会議に先だって開き、方針を調整し、戦略を練った。[81]

グループとはどのようなものか、唯一、名誉ある孤立を保っていた合衆国が、遅ればせながら調査した。

メキシコ代表のパディジャネルボが語った。

弊害はもちろんある。しかし、議長や委員長に適材適所の人事を行うためには必要である。そのために、アラブやソ連と取り引きすることもある。[82] 彼自身、三年後の一九五一年に、名誉ある総会議長に選出される。

ガルシアロブレスと同じサモラ出身で、ホットスプリングズ会議から辛苦を共にした。彼を国連に呼び寄せた張本人でもある。同じ屋根の下にいながら、この時期だけ疎遠であったはずがない。有能な後輩は良き相談相手であったろう。

至る所でガルシアロブレスの影が見え隠れする。

当時、臨時委員会というものが置かれ、政治的な問題を総会がどのように扱えばよいか研究していた。

米州の諸制度と国連憲章との関係について、キューバの国際法学者フランシスコ・ガルシアアマドルが文書を出した。

そのことをめぐる逸話がある。

プロティッチ主催のパーティにガルシアアロブレスが参加していた。合衆国代表団員との会話で、この文書が話題になった。

この代表団員は言いたかった。米州のことは国連の委員会で扱うことではない。そして、打ち明けた。それをキューバ人に三、四回も聞かせたい、とガルシアアロブレスは相槌を打った。彼がキューバ人から聞いたところでは、その文書には政治的動機があって、米州の諸制度を国連に導入させる基礎にするつもりである、という。[83]

政治的動機に満ちていたのは、実は彼のほうではなかったろうか。

三十代最後の晩春のことであった。

## ペーパーワーク

総会の第一委員会および特別政治委員会を一般政治部は担当した。特別政治委員会において委員長の隣に座って議事を支えた以外では、資料を準備するのが主な仕事であった。

会議資料の品質をとことんまで追求すれば、日々の研究やデータベースの構築が不可欠になる。同部では、いつでも対処できるように、状況を常時、観察し、「ワーキングペーパー」を準備しておいた。[84] これら

が十分に蓄積されると、データベース化が図られた。その成果として、一九五四年に『安全保障理事会実務一覧』が刊行され、その翌年、『国連機関実務一覧』が出た。両書は綿々と追補され、スタンダードレファレンスになっている[85]。

ワーキングペーパーの内容は、国連の制度と世界各地の情勢に分けられる。

例えば、常任理事国が安保理を欠席した場合の採決の扱いについてのものがある。

安保理の決議は憲章には、常任理事国の同意投票を含む七理事国（当時）の賛成投票によって可決される、とあるだけである。常任理事国が同意を与えず、通過を妨げることを俗に拒否権という。反対投票が拒否権の発動になることに異論はない。

では、欠席は拒否権の発動になるのであろうか。棄権はどうなのか。

欠席の問題を扱った初出のワーキングペーパーは、一九四六年にソ連が欠席した際の決議を議論する。欠席は棄権と同じ、とするイギリス代表の発言と、欠席するだけでは拒否権の行使にならない、とするオランダ代表の発言が引用される[86]。

これが『安全保障理事会実務一覧』になると大幅に加筆された。中華人民共和国が成立し、朝鮮戦争が勃発していたからである。

中華民国はもはや中国の代表とみなせないので、常任理事国のうち中華人民共和国を含む二か国が欠席した際の決議は違法である、とのソ連の見解が掲載された。

さらに『国連機関実務一覧』はこれを踏襲しつつ、引用を省いた簡略な記述にされた[87]。

かつて彼が熱望した国連全体の目的としての人権はどうであろう。

皮肉にも、『国連機関実務一覧』は高い評価を与えない。本項は抽象的で、十分に明確な基準を示さないため、国連機関の行動根拠として引用する価値があるか疑わしい、という。[88]

他方、世界情勢については、「国際政治事件選択調査」という五節七七項目から成る浩瀚なファイルがまとめられた。

「事務総長のための備忘録」になってほしいと序文には書かれている。[89] 残念ながら、こちらがその後、どう発展したかは分からない。

このように、人知れぬところで、国連と世界を徹底的に分析するのが彼の仕事であった。

十年を越える雌伏を経て、修練を活かす機会が近づいていた。

# 第六章　海洋法会議での再デビュー

# 第六章　海洋法会議での再デビュー

## 復職

帝国主義はスエズ戦争によって息の根を絶たれたと言ってよい。エジプトに侵攻した英仏は手厳しく非難され、海軍国が遠征して干渉することはまれになった。

国際法も、それに伴って変わらねばならなかった。海洋法においては、一九五八年の海洋法会議が革命の号砲となった。従来、領海を三カイリ（五・六キロメートル）とする説が流布していた。一七世紀の国際法学者コルネリウス・バン・バインケルスフークが、大砲の射程をもって領海の幅としたのが始まりとされる。

外務省に一九五七年、復職したガルシアアロブレスは、多国間外交とヨーロッパ・アジア・アフリカの諸地域を担当する局長に就いた。多国間外交とは、全世界的な国際機構や国際会議における外交のことをいう。つまるところ、米州以外すべてが担当であった。

会議に備え、フランス人学者の本や国際法委員会の報告書を読んで研究した。ソルボンヌに学び、国連に勤めた者にとっては朝飯前であったろう。

実際、本番での演説を貫くことになるのは、時代の変化に国際法を対応させなければ、という留学以来の初心であった。時あたかも、ソ連の人工衛星スプートニク打ち上げによって、大陸間弾道ミサイルの時

代に移ろうとしていた。

大砲の射程を語ることは、もはや意味をなさない、とガルシアロブレスは言い放った。

安全保障だけでなく、漁業権の争点でもそうである。モーター付き漁船の時代に、新約聖書のガリラヤ湖におけるペトロの魚釣りを想像することもできない。

過去でもなく、西暦二〇〇〇年でもなく、西暦一九五八年に行われている慣行に一致した領海を定める義務がある、と力説した。[90]

## 三カイリ

「海洋の自由」を守る、と高邁な旗印を掲げたのは合衆国であった。

しかし、三カイリに執着する国務副長官からの訓令は悲壮感に満ちていた。他の提案は拒否し、何としても自国案を採択させねばならない。

「この会議の合衆国にとっての重要性を、各スタッフに肝に銘じさせてくれたまえ」と檄が飛んだ。

領海の幅が広がると困るのは、航路が塞がるからであった。

バブエルマンデブ海峡（紅海）・ジブラルタル海峡・マラッカ海峡・津軽海峡・トリエステ湾は、領海が六カイリになるだけで公海を抜けて通過できなくなる。[91]

さらに広がれば、イスラエルは南の玄関、アカバ湾が塞がって、南端の港エイラートから紅海にアクセスできない。

これを狙い、敵対するアラブ諸国は、頑強に一二カイリ（二二・二キロメートル）を主張した。三カイリにこだわった合衆国の同志は、海軍国のイギリスであった。安全保障を合衆国に頼るＮＡＴＯ（北大西洋条約機構）諸国も、それを理由とした支持の要請は拒めないので票田になった。

一方、カナダは、他の諸勢力と両国との架け橋になろうと買ってでた。スエズ戦争の停戦のためにその外相が演じた役割によって、仲介者としての声望は高かった。海洋法会議でも、国際社会を結集させる妥協案を用意した。

しかし、実利こそ、大半の国には重要である。

ペルーは、排他的な漁業水域として大胆にも二〇〇カイリを主張し、領海の最大値を定めない決議案を出した。[92]

逆に、遠洋漁業が盛んなヨーロッパ諸国には、他国の沿岸に近づいて漁をする遠洋漁業国があった。沿岸国の排他的漁業水域または接続水域の幅を広げるのには反対であった。

この対立は合衆国には悩みの種であった。沖合に好漁場を持つ国が領海を広げないことへの代償として、排他的漁業水域か、接続水域かの幅を広げることを検討していたからである。

遠洋漁業国の存在は沿岸国との取引を難しくし、多数派工作を妨げた。

## 米ソ対決

会議は八七か国が参加して開幕した。

国際法委員会の報告書が支持を集めていた。そこには、一二カイリを超えた領海の延長を国際法は許さない、とだけ記されていた。[93]

その幅に収めることは確かに国際社会のコンセンサスであった。しかし一皮むけば、範囲内で具体的な数字をどうするかをめぐって、激しく意見が対立した。

三カイリ派は足並みの乱れに悩まされた。

合衆国にとって本命と映っていたのはカナダ案である。

海軍国に配慮して三カイリの領海を維持しつつ、その外に九カイリの排他的漁業水域を認めたので、沿岸国を糾合する磁石になってくれると期待した。

ところが、パートナーのイギリスが、この排他的漁業水域は認められない、と伝えてきた。

同国の漁船は、北海における他国の沖合で操業していたので、漁業水域を設けられては、締め出されてしまう。実利に背に腹は代えられない。

不意打ちを食らったドワイト・D・アイゼンハワー大統領は相手首相に書簡を送り、安全保障上の重要性を訴えた。[94]

西側陣営が内輪もめをしているころ、ソ連は他勢力との合流に成功していた。

最大一二カイリまでならば各国が勝手に決めてよい、とするその方式には、アラブ諸国が支持を寄せた。

ガルシアロブレスはラテンアメリカを率いて、ソ連案とほとんど同じインド・メキシコ案の実質的責任

者になった。[95] ソボレフとの付き合いから、東側にアレルギーがなかったのかもしれない。
議場で何十回も発言する獅子奮迅の活躍であった。その策士ぶりは合衆国に睨まれるほどであった。[96]
国連勤務の修練によって、もはやサンフランシスコ会議での彼とは別人のようであった。

## 鞍替え

可決に必要な三分の二の票をかき集めようと、離合集散のゲームが始まった。

領海を扱う委員会の投票まであと約一週間、という土壇場、憂慮した合衆国が動いた。領海三カイリを断念し、領海六カイリと排他的漁業水域六カイリとを組み合わせた案を出したのである。

狭い領海を期待していた遠洋漁業国には、「歴史的権利」を認めることで理解を求めた。他国の漁業水域に組み込まれる部分での過去の漁獲量を保証することで、納得してもらおうとしたのである。[97]

強力な合衆国案の提出を受け、土壇場の土壇場でさらに組み替えが起きつつあった。

カナダが鞍替えし、カナダ・インド・メキシコ案が成立した。

領海を六カイリとしつつも、会議以前に、それ以上の幅を宣言していた国については、一二カイリ以下の条件で認める案であった。

生真面目に三カイリを守って拡幅に出遅れた国に著しく不公平であった。こうした批判には、漁業水域を岸から一二カイリまで認めることで納得してもらうつもりであった。[98]

実はカナダも、沖合を他国の漁場にされて、内心忸怩たる思いであったのである。歴史的権利を認め

る方向へと動く合衆国を苦々しく眺めていた。一二カイリの漁業水域が確保できなくなってしまうからである。

裏切られた合衆国の怒りは尋常でなかった。新決議案は会議を破壊し、非友好的である、とカナダに通告した。

UN Photo/ES 領海・接続水域を扱う第一委員会でのガルシアロブレス。 01 March 1958 Geneva, Switzerland, Photo # 118479

結局、三国の案は撤回され、元のカナダ案とインド・メキシコ案が復活した。[99] なりふり構わぬ離合集散には、会議が泥仕合になった観がある。

採決の結果は、委員会でも、本会議でも、双方の案が拮抗して

三分の二に達せず、否決された。

すべて案が否決されたことから、領海の幅は決まらなかった。

ガルシアロブレスにとっての外交再デビューは、大金星と言ってよい。

その年の暮、国連総会は一九六〇年に第二次海洋法会議を開くことを決議した。合衆国は万全を期して、狭い領海を再要求してくるはずであった。

## 概要表

執筆によって仕事に区切りをつける癖は相変わらずであった。彼は会議の解説を、四四七ページに及ぶ『ジュネーブ会議と領海の幅』として出版した。

そこで力説したのは、メキシコの提案に基づいて作成された概要表の意義である。彼にとって、各国の立場の違いを表にまとめるのは事務局の重要な仕事であった。

特に今回は、領海三カイリが国際法の定説であるかのように唱えられていることを不審に感じていた。領海に関わる各国の法規がどうなっているのか、客観的なデータで確かめなければならない。

完成した表では、三カイリの領海を実施している国は合衆国・西ヨーロッパ・オセアニア・日本など一八か国にすぎず、六カイリ以下ならば三三か国であった。これに対し、六カイリより広い国は三二か国もあった。[100]

三カイリ派は三分の一にも満たない少数派であった。合衆国案とインド・メキシコ案との拮抗は、実態

を忠実に反映していたのである。

概要表は謄写版で参加者に配布された。一二カイリ案の支持国はそれを見て、意外と味方が多いのに自信を深めたであろう。

サンフランシスコでなされたような、大国が意思を押しつける議事運営はもはや不可能になっていた。世界は西と東に引き裂かれた上、第三の世界が採決の帰趨を決するキャスティングボートを手中にしようとしていた。アジア・アフリカ・ラテンアメリカが団結するだけで、数的優位を獲得できた。

その後の四半世紀、この三分割を最も有効に利用するのは、ほかならぬ彼であった。学識と正義感だけで突進していたチャプルテペック会議のころは違い、他勢力の利害や力を分析できるまでに成長していたのである。

このころ、ＩＡＥＡ（国際原子力機関）からリクルートの申し出があった。[101]

まさか、彼を次の会議に出させないための合衆国の差し金ではなかったろう。引き受けていたら人生はどうなっていたであろうか。

よき理解者のパディジャネルボとテジョバウラウドが時の外相であった。不本意な転職を断ることに造作はなかったはずである。

**再戦**

第二次会議では、初めて代表団長になった。

UN Photo/MB 一九五八年の国連におけるメキシコ代表団。左から三番目はパディジャネルボ、四番目がガルシアロブレス。 25 September 1958 United Nations, New York, Photo # 83998

意気込みによるのか、プレッシャーによるのか、開会の翌日、早くも米英との鞘当てを演じた。

議事手続きに四本の修正案を出したのである。使い慣れた国連総会の規則に近づけたい、というのが表向きの理由であった。主導権を握りたい焦りもあったろう。

二年前に苦杯を舐めさせられた米英の側は、警戒感を露わにした。[102]

三本の修正案が通過した。翌朝の新聞は、海洋大国の敗北、と見出しを付けた。[103]

対立の構図は第一次会議の再現であった。

遠洋漁業国、つまり西側先進国は、領海をして、できれば排他的漁業水域も広げたくない。

開発途上国側の多数派は、領海か、排他的漁業水域か、いずれかを広げたい。

もっぱら領海を広げたいのはソ連とアラブである。

そこで、合衆国は綿密な作戦を練った。

西側とソ連・アラブとは妥協不能である。大多数の開発途上国とは、排他的漁業水域の拡張によって妥協の余地がある。しかし、この勢力の信頼が厚い指導者ガルシアロブレスは、領海を六カイリに限定しては妥協しない。

つまり、合衆国には、彼を仮想敵と定め、その支持者を引き剥がせば勝機があった。実際、彼を意識して、矢継ぎ早にその名を記した電文が本国に発せられたのである。

**最終妥協案**

今回も合衆国は、領海六カイリ・プラス・排他的漁業水域六カイリを基本としつつ、漁業国に配慮して、その歴史的権利を認めることにした。自国の水産業者が、カナダ沖の漁場を奪われたくない、と歴史的権利を求めたことにも引きずられた。

それは諸刃の剣であった。

六プラス六マイナス六は六である。六カイリの幅の漁場では、沿岸国の支持を失うことになる。

前回、身に染みて感じたように、三分の二を獲るためには、カナダを味方につけておかねばならなかった。

そのカナダは歴史的権利を認めない案を出し、説得は難しかった。

そこで、この立場にも配慮し、一定期間後に歴史的権利を消滅させる最終妥協案が想定された。[104]

ところが委員会では、領海一二カイリに魅力を感じた国が支持したソ連案が一番人気であった。

必勝を期する合衆国は、ついに、最終妥協案であるカナダとの共同案に切り替えた。歴史的権利に基づく漁獲は、一〇年間に止めることにした。

効果はてきめんであった。

イギリス、ドイツ、ノルウェー、アイルランド、中華民国、パキスタン、イスラエル、ブラジルなど多様な国々の支持を集めた。

ガルシアロブレスは追い詰められた。ラテンアメリカ諸国にも、メキシコ案が否決されたら共同案に賛成するように、合衆国が働きかけたからである[105]。

そうなれば共同案だけが本会議に残り、反対派は戦意喪失するであろう。

彼は対抗し、メキシコ案とアジア・アフリカ案を糾合した一八か国案を成立させた。最大領海一二カイリ陣営の統一を図るため、ソ連は自案を撤回し、これに乗ることにした。

しかし、委員会の採決で、一八か国案は賛成三六、反対三九、棄権一三と否決された。

カナダ・合衆国案は賛成四八、反対三三、棄権一二で可決され、本会議に送られた。

## 僅差

イースター休暇に入った。

その四、五日間について、ガルシアロブレスは一四年後のインタビューで語った。「我々が無邪気に、湖

畔にせよ、山にせよ、修道院にせよ、楽しんでいる間、大国は説得する力を最大限、行使した」[106]。

それは真実であった。

アイゼンハワーは五か国の首相、大統領、王様、そして皇帝に書簡を送った。国務長官も二〇か国の政府にそのようにした。

ラテンアメリカの国々には、二国間での取引を持ちかけた。

特にブラジル、キューバ、ウルグアイによる修正案を容認した。排他的漁業水域を拡張したいのであれば、個別に交渉に応じる用意がある、と甘言で誘った[107]。

ガルシアロブレスは丸裸にされていった。

採決の前日、議長であったタイの親王がパーティを催した。そこではカナダ・合衆国案の支持者たちも彼に慇懃であった。

「この哀れな男はあんなに頑強に闘って明日は負けるのだな。我々の六プラス六案が承認されるだろう」と思われていたのでなかったか、と後年、彼は想像する[108]。

本会議での採決が始まった。ブラジル・キューバ・ウルグアイ修正案は段取り通りに通過した。

いよいよカナダ・合衆国案の本体が投票される番になった。

結果は、賛成五四、反対二八、棄権七であった。賛成の五四票を全体の八二票で割ると〇・六五九になる。三分の二、すなわち〇・六六七に小数点第二位で達しない。つまり、否決、であった。

こんなはずはない、という心境であったろう。合衆国は、再検討を求める動議を出した。可決にはやは

り三分の二が必要であった。
賛成五〇、反対二九、棄権八で、それも否決された。

## 勲章

一度目の投票では、本国に合衆国が強い圧力をかけた。それを受けて代表団には、賛成せよ、と訓令が下った。圧力をかけられた国は、これで義理を果たしたことになる。
急に起こされた再検討の動議には、訓令が下りていなかった。現場の判断で投票してかまわない。
――これが彼の解説である。そもそも一度目が「人工的な投票」であったから、二度目では賛成が四票も減ってしまった、という。[109]
合衆国の敗因はいろいろと言われる。
同盟国の日本までが棄権してしまったのは衝撃的であった。
キューバほかの修正案によって、漁業水域の拡張を押しつけられる、と速断したのである。「戦場に置きさられた孤児」と言われるくらい、水産業の利益しか頭になかった。[110]
ガルシアロブレスから見ると、過信が失敗の原因であった。二、三票、カナダ・合衆国案が三分の二を上回っている、といった噂が流れていたらしい。[111]
政治工作が限界まで行われていたことを考えると、真の原因は時代の変化としか言いようがない。
国連における合衆国の覇権的な地位が蝕まれ、第三世界が数的優位を築きつつあった。この年、アフリ

カ諸国が大量独立し、この傾向はさらに進むことになる。

二十年後には、領海一二カイリと排他的経済水域二〇〇カイリが安定した規範になる。他の資源に対する国家主権が強化されていったのと比例し、海洋資源についてもその方向でコンセンサスが徐々に形成されていった、と理解できるかもしれない。

合衆国の代表団は、敗北を総括する報告を本国に送った。

その目に映ったガルシアロブレスといえば、毎日、ソ連やサウジアラビアと密に会う姿であった。能力に対する評価は「会議のあらゆる規則、抜け穴、装置に精通し、熟練し、トリッキーで、賢い議会人」と、腹立たしさが隠せない。[112]

エクアドルから最高勲章を授与されたことも、報告書に特記された。

生涯で叙勲された国は一〇に及んだという。[113] 開発途上国に寄せられた信望の証である。

## 南チロル

外交官の職歴は本省と在外公館との往来で成り立つ。彼は少し特殊で、本省の局長職にありながら、国際会議への出張が多かった。

このころは、秋から冬にかけ、古巣の国連総会特別政治委員会での代表を引き受けていた。

イタリア語でアルト・アディジェと称される南チロルの紛争が総会で取り上げられたのは、一九六〇年のことである。

そこはドイツ語を話す人々が多数を占めるにもかかわらず、第一次大戦の結果、イタリアに割譲されていた。公用語はイタリア語のみとされ、ドイツ語話者には不利であった。

数年前から、数万人のデモや南チロル人民党の抵抗運動が発生するようになった。

隣国のオーストリアは、この地方の自治を定める協定をイタリアと結んだ行き掛かりがあり、国連で問題を提起した。

初めて出された決議案(A/SPC/L.45)には、南チロル人の「正当な」要求を認識すると書かれた。イタリアには受け入れられなかった。

ガルシアロブレスは積極的に発言した。

「メキシコ、伊・墺の紛争に国連の援助を示唆」という見出しでそれが新聞に載った。総会議長でも、事務総長でも、特別政治委員会委員長でも、両国の代表を招いて方策を吟味することを示唆していた。[114]

強い事務総長であるハマーショルドへの期待があったのであろう。

彼はスエズ戦争の解決に使命感を持って取り組んだ。コンゴ問題に対処するため乗っていた飛行機が墜落し、翌年、落命してしまう。

南チロルにも精力的に取り組み、ひいては国連の信望を高めてくれるものと期待したくなる。

恐らくこれを受け、オーストリアは決議案を訂正した(A/SPC/L.45/rev.1)。事務総長に支援を要請する内容であった。南チロル人の「正当性」を言い立てることもやめた。

それでもイタリアは呑めなかった。面倒な条件を課される危険がある上、解決に手を焼く無能国家のイ

メージを広めかねなかったからであろう。

何より、紛争の性格は領土問題でも民族自決問題でもなく、自治を定めた協定をいかに実施するかをめぐるものにすぎなかった。

さらに出てきたアイルランド案(A/SPC/L.47)をガルシアロブレスは評価した。交渉が満足な結果を収めない場合、他の平和的手段による解決の可能性を検討する、という特定方法に執着しない柔軟性を褒めたのである。[115]

最終的には、アルゼンチンが提出した一七か国案(A/SPC/L.50)がコンセンサス(無投票)で採択された。国際司法裁判所への付託をアイルランド案の平和的手段に加えていた。

コンセンサスということは、オーストリアとイタリアも決議を受諾したことにほかならない。

本会議の議場にガルシアロブレスは立った。

すでに両国に受諾されている決議案が可決する時、不幸な紛争を永続的かつ安定的に処理する堅固な基礎となるであろう、と語りかけた。[116]

決議はコンセンサスで採択された(A/RES/1497(XV))。それは皆が事態を温かく見守るという意味である。決議自体に法的な拘束力はなくても、賛否を表明した国家にはそれを守る道徳的義務がある。

ガルシアロブレスは、『ニューヨークタイムズ』に名前が載ったことを本省に誇らしげに報告した。[117]

優れた見識は国連を主導したようにも見える。しかし、事務総長による周旋、というそもそもの発言内容とは似て非なる決議内容になった。

九年後になって、イタリアはようやく自治拡大を宣言した。翌年にオーストリア政府が期待を表明して、南チロル問題は終息に向かった。

# 第七章　非核地帯との関わり

## 第七章　非核地帯との関わり

### ブラジルへの赴任

彼は五〇歳になっていた。実務家として、仕事が捗る年齢である。その年に与えられた職は、ブラジルという南米きっての大国への大使であった。

赴任先では、大統領が突然、辞任する変事が起きていた。

本を買うためニューヨークに寄っていた彼は、二週間ほど様子を見た。

副大統領ジョアン・ゴラールの昇格が判明したので、リオデジャネイロへの途に就いた。首都はブラジリアに遷されていたが、外交団は旧都に残っていたのである。

新大統領に謁見したのは一九六一年九月の末であった。信任状を捧呈し、大使として正式に認められた。[118]

そこでは大仕事が待っていた。翌年四月にゴラールがメキシコを訪れたのである。メキシコのアドルフォ・ロペスマテオス大統領が来たことへの返礼であった。

平和、軍縮、民主主義、不干渉、そして独立の対外政策、といった共通の理想を二人の大統領は誓い合った。国際機構での行動も相談することにした。[119]

こうして、メキシコは中道左派の対外政策に、ブラジルからの力添えを期待できるようになった。

彼がどれほどこの動きに参与したか、正確なところは分からない。

しかし、リオデジャネイロの合衆国大使館は、任地の政権が左傾化する影にガルシアロブレスがいること

とを見逃さなかった。

こういう話が報告されている。

メキシコ訪問の半年後、随員であったブラジル高官たちは、勲章を受け取るために大使館を訪れた。授ける役のガルシアロブレス大使は、両大統領の言葉を延々と引用しながら演説した。これが、しゃちほこばって聴かされる参会者には耐え難かった。

内容はブラジルとメキシコの「独立の対外政策」への称賛であった。「完全に自由に、自らの責任下であらゆる国際問題をいずれの政治軍事ブロックとも結びつかずに検討する」ことができるようになる、と述べた。[120]

国務省員は、あれっ、と感じたに違いない。独立とは合衆国からの独立なのか、と。この漠然たる不安ゆえに、わざわざ一大使の演説を本省に報告したのである。

演説の途中で停電になった。

キャンドルライトが館内に独特の雰囲気を醸す中、三八分間の長広舌は締められた。[121]

## 悪夢の囚人

曖昧模糊とした「独立の対外政策」の概念は、政治の渦中に置かれ、初めて結晶化する。

「独立」は、米ソ両陣営からの中立、または非同盟ということは間違いない。超大国による軍拡のパワープレイに距離を置こうとする機運が世界各地で芽生えていた。

そうした動きの一つに、非核地帯構想があった。一九五七年にポーランドの外相アダム・ラパツキが、中部ヨーロッパを非核地帯にしよう、と提案した。

この案は、諸手を挙げて歓迎されたわけでなかった。ポーランドの親分であるソ連の差し金とみられたからである。

当時、ＮＡＴＯでは、核武装が活発に議論されていた。西ドイツ議会さえ核武装を決議したほどである。他方、ソ連は自らの同盟国に核武装を許すつもりがなかった。中部ヨーロッパに非核地帯ができれば、それらと西ドイツを非核化でき、一挙両得であった。

軍縮と安全保障は車の両輪である。

中央ヨーロッパが非核化されれば、通常戦力で優る東側から西ヨーロッパを守るのは困難になる。特に、西ベルリンにソ連が軍事的圧力をかけてくるのは必定である、とＮＡＴＯは考えた。

冷戦思考では、非核地帯は東側の利益にしかならなかったのである。

アフリカでも、非核化の動きが注目されていた。一九六一年に、その非核化を検討する総会決議（A/RES/1652（XVI））が採択された。

前年には多くの植民地が独立し、「アフリカの年」と呼ばれた。新生国家間における無用な軍事対立を予防することは理に適っていた。

しかし、この決議では、核実験の自制が求められた。フランスが前年、初の核実験を行ったのが、植民地アルジェリアのサハラ砂漠であったからである。

自らの手を縛られないように、西側は警戒した。採決では、合衆国が棄権した一方、ソ連は賛成に回っていた。[122]

中部ヨーロッパでも、アフリカでも、非核化攻勢をかけたのは東側と第三世界であった。

非核地帯は西側に不利、と誤信した合衆国は、軍事バランスが東有利に傾く悪夢の囚人であった。

## キューバ危機

これらの構想が乱立する中、ブラジルの独立イコール非核地帯、という等式ができあがった。

厄介なのは悪夢の囚人、合衆国であった。ラテンアメリカでのそれが「反米」にはならない、と納得させねばならなかった。

一九六二年三月、ジュネーブでブラジルと合衆国との外相会談が行われた。

非核地帯への賛否をブラジル側は問い質した。

合衆国の答えは、注意深い検討が必要、通常兵器のほうを憂慮、ＯＡＳで合衆国抜きならば反米、運搬手段で具体的な提案の意図……、と留保のオンパレードであった。[123]

一言で表現すれば、ノー、である。

ブラジルは見切り発車で、国連総会にラテンアメリカとアフリカを非核化する決議案を提出した。

軍縮問題を扱う第一委員会では、ボリビア、チリ、そしてエクアドルが共同提案国に加わってくれた。

世界を震わせたキューバ危機は、ちょうど会期中のことであった。

第三次世界大戦の予感が人々を襲った。キューバにソ連が秘密裏に置いた核ミサイル基地が発見された。合衆国は、ソ連船の入港を妨げるため、カリブ海に軍艦を展開した。交戦の瀬戸際でソ連は基地の撤去を発表し、危機は終息した。

非核地帯の意義が再評価される結果になった。

合衆国の鼻先に置かれた核ミサイルが撤去されなかったら、不安の重圧は想像できないものになったろう。フィデル・カストロは、より大胆に革命を輸出したであろう。核兵器は地球を覆って拡散したであろう。

それにもかかわらず、ブラジル案への支持は広がらなかった。合衆国の代表部には、むしろ反対の声が集まった。

フランスは、第二のラパッキ案が蒸し返されないか、と憂慮していた。キューバと似た境遇のカリブの島国は、自国の政権転覆を恐れ、核戦争になれば合衆国に基地を提供すると息巻いた。[124]

ブラジルが準備した安保理決議を、当のキューバは、受け入れるつもりはない、と話していた。[125] 体制の存続が、核によって保証されると信じていたのであろう。

師走に入って、ゴラールが切り札を切った。ジョン・F・ケネディ大統領への親書である。

その甲斐もなく、安保理はおろか、総会でも決議は通らなかった。[126]

「独立の対外政策」を称賛したメキシコの大使は、ニューヨークから八千キロ南で一件を眺めていた。

年が明けて一九六三年一月、メキシコシティの有力紙は一面広告を載せた。見出しは「アドルフォ・ロペスマテオス、ノーベル平和賞候補に」であった。ノルウェー・ノーベル委員会に大統領を推薦する理由と推薦者たちの名前が記されていた。[127] 合衆国大使館に駐在する陸軍武官は、皮肉たっぷりに報告した。「メキシコ帽に添えられる大きな羽根」にノーベル賞を喩え、それは少数支配層の利益にしかならない、と書き送った。[128]

ともかくも、指導層が世界平和のためになると考えて、ある行動をとろうとしていたことは間違いない。ガルシアロブレスが年初に帰国した時、外務省は、非核地帯構想に強い関心を持っていた。一大行動が決定された。ロペスマテオス自らが、昨年、決議を共同提案したブラジル以下四か国に呼びかけを発するのである。彼は他の大使たちとともに任地に戻り、協議に備えた。[129] 呼びかけの書簡は、三月二一日に出された。

核兵器の製造・受領・貯蔵・実験を禁じる多国間合意を、他のラテンアメリカ諸国に呼びかけよう、と共同宣言を提案したのである。[130]

彼はゴラールと会見した。後者の反応は熱烈であった。バージニア大学にある彼らが座談する写真は、この時に撮られたのかもしれない。[131]

ゴラールからロペスマテオスへの公式な返書は十七日後に発せられた。他の三か国からも賛意が伝えられ、共同宣言は四月二九日に五か国で一斉発表された。

メキシコでは、大統領がラジオとテレビによって発表する手の込みようであった。[132]
しかし、ゴラールも、ロペスマテオスも、ノーベル賞という栄誉に手が届くことはついになかったのである。

## 非核化決議

勝敗は兵家の常という。しかし、今回は大統領たちの威信がかかっていた。

ブラジル案の轍を踏まないためにはどうすればよいであろうか。

支持の輪を全ラテンアメリカに広げるには、国連総会決議を経由するのが確実であった。総会での指揮官は、国連を熟知した彼以外の余人をもって代えることはできない。

そこで駐ブラジル大使のままメキシコシティに帰り、テジョバウラウドから訓令を受けて、九月一五日にニューヨークに到着した。

四日後に乗り込んだのは、ブラジル国連代表部での非公式会合であった。

そこには共同宣言五か国の責任者たちが集結していた。ホームグラウンドの国連であるので、見知らぬ相手ばかりでなかった。ブラジルからは、外相自ら出席した。

幸いにも、悪夢の囚人であった合衆国の態度には、軟化の兆しが現れていた。

二六日、合衆国代表部において、アドライ・E・スティーブンソン代表とラテンアメリカ・グループとの会合が持たれた。キューバ危機の際、安保理において、イエスか、ノーか、とソ連代表に核ミサイルの

有無を問い詰めた一幕で名を馳せた代表である。

非核地帯に対する態度を尋ねたところ、この代表の答えは肯定的であった。[133]

翌月の米ソ外相会談でも、それが話題に上る。

ラテンアメリカとアフリカには核兵器の発射基地が現存しない。また、核攻撃の標的にもなりそうにない。それなら、非核地帯化を検討できる、と合衆国のディーン・ラスク国務長官は語った。

不吉にも、対するグロムイコ外相は賛否の態度を明かさなかった。[134] これが将来に長い影を落とすことになる。

ガルシアロブレスは決議案を起草した。

細かいニュアンスを正確に伝えるため、語句の選択に職人芸を要する。彼が選ばれたのは、事務局時代の経験が買われたからにほかならない。共同宣言の五か国を中心に、丁寧に決議案は吟味された。

一〇月末に、ラテンアメリカ・グループが開かれた。案は了承され、作業部会が設けられた。[135]

順風満帆とばかりにはいかなかった。合衆国が決議案に注文を付けてきたのである。

「ラテンアメリカの非核化に向けたイニシアティブに満足をもって留意」という文言が槍玉に挙げられた。「満足をもって」を削除しろという。

彼には、理不尽に聞こえた。[136] 大統領や自分の苦労を否定された、と感じたからであろう。

しかし、総会決議は国際共同体の最大公約数でなければならなかった。結局、「満足」は残ったものの、要求を呑むうちに決議はどんどん短くなった。

我慢のしどころであった。

### 試練の始まり

彼は第一委員会で、教師のように丁寧に決議案(A/C.1/L.329)を解説した。ロペスマテオスを立てることを忘れなかった。共同宣言の経緯は、大統領が主人公の物語になった。そして、「満足をもって」を説明するために、様々な人々の発言を延々と引用した。

もちろん、今後の交渉におけるツボについても言及した。

つまり、事務総長と事務局からの支援を受けたいこと、原子力発電など核エネルギーの平和利用は禁止しないこと、英語圏であるジャマイカとトリニダードトバゴもラテンアメリカに含めること、といったことである。

最後に毅然と強調した。非核地帯を創ることは主権の自由な行使であって、核大国に口出しされる筋はない、と。[137]

一一月二七日の本会議で、決議は可決した(A/RES/1911(XVIII))。

反対はなかったが、棄権した一五か国は、キューバ、ベネズエラ、東側諸国、フランス、そしてアフリカの一部であった。

賛成した日本代表は、「棄権数が相当あれば棄権の態度で臨むこととするが、しからざる場合には賛成するもやむをえない」と訓令されていた。[138]

国連では、投票後に理由を記録に残すことができる。

彼は、決議は試練でもあり、証言でもある、とコメントした。

まだ本番の合意を作る責務が遂げられていない、という意味で試練であった。ラテンアメリカが人民の欲求を正しく評価できることを示した、という意味で証言であった。

子供たちが核戦争による脅威から自由に育ってほしい、核大国にも非核化の文書を尊重してほしい、と希望も述べた。

そして、遠くない将来、恐らく来年に、合意を総会に持ってくる自信を表した。[139] 長い交渉が彼自身の試練にもなるとは、知るよしもなかったろう。

メキシコシティに予備会合を誘致するのに、彼は抜かりなく根回しした。

決議案を作ったラテンアメリカ・グループの会合で、開催地についての承認を取りつけておいた。

可決後にも、開催期間を九月中旬にしてよいか、と関係国に照会する回状を起草し、外相のテジョバウラウドに伺いを立てている。[140]

## 次官

条約交渉が始まるには曲折があった。

駐ブラジル大使の仕事を放棄しなければならない事件が一九六四年春、起きた。

古都バイーアでのバカンスから帰ったガルシアロブレス夫妻を襲ったのは、軍事クーデターのニュース

UN Photo/Teddy Chen 友好関係原則宣言の特別委員会。左端がブリクス。左から四番目がガルシアロブレス。 27 August 1964 Mexico City, Mexico, Photo # 178940

であった。「独立の対外政策」に意気投合したゴラール政権が倒れてしまったのである。[141]

日を置かず、本省から電話があった。テジョバウラウドが上院選に出馬することになったので、現次官を外相に補し、玉突き式に彼を次官にすることをロペスマテオスが検討している、という。

省内で、いずれ彼を次官に、という流れがあったとすれば、そろそろ大臣も退き時であったので、タイミングを見計らっていたかもしれない。もちろん彼は快諾した。[142]

五月に次官に就任したものの、非核地帯に専念できる状況でなかった。全省の事務を総覧する責任者であった上、大きな国連のイベントが入っていたからである。

それは友好関係原則宣言の特別委員会であった。

八月末から一か月余りにわたって、メキシコシティで開かれた。当時は高度経済成長のさなかにあり、招致の予算は潤沢であった。夏に涼しい高原の気候は参加者にはありがたかったであろう。

彼は委員長に選ばれた。

メキシコの代表団には、以後も彼の腹心として働くホルヘ・カスタニェダとセルヒオ・ゴンサレスガルベスがいた。報告者に選ばれたスウェーデンの少壮外交官ハンス・ブリクスは後年、IAEAの事務局長として長期政権を築くことになる。

ガルシアロブレスは演説した。

一九四五年以降の二〇年間、核兵器や経済的ナショナリズムをめぐる様々な事件が起きた。こうした諸側面における「進化」のために、ここでの作業が重要になっている、と。[143]

特別委員会の任務は、国連憲章の原則を研究・勧告することであった。

それは、彼がソルボンヌでの留学以来、抱き続けてきた、時代の変化に応じて国際法を進化させるという哲学に合致する。

友好関係原則宣言が総会で採択されるのは一九七〇年のことである。その時、議場でこう述べた。

実は憲章は、加盟国が他国の内政に干渉することを禁止していない。禁じているのは、国連そのものが内政に干渉することである。四半世紀の経験に照らして、諸原則を定義する必要がある。[144]

頭の中には、まだカルポ・ドクトリンがあったのであろう。

# 第八章　序盤の交渉

# 第八章　序盤の交渉

## 影の主役

非核化の鍵を握るのは合衆国であった。

唯一の核大国であり続ける夢は、十数年前にソ連とイギリスが核武装して破られていた。フランスまでが核実験をしたので、核不拡散条約（ＮＰＴ）の起草に本腰を入れた。交渉は一九六二年に一八か国軍縮委員会（ＥＮＤＣ）で始まったものの、いつできるのか分からない代物であった。

さらに、キューバ危機が合衆国の背中を押した。

当時、練られた案は、西ドイツと中華人民共和国をペアにした。西ドイツに保有を諦めさせようとしたところ、中国が保有できるのに自国ができないのは不公平、と抗論されたからである。[145]

ところが、この案は蜃気楼であったと判明した。

核保有を諦めさせる代わりに、西ドイツをＮＡＴＯの核戦略に組み込んで、事あらば、核兵器を用いての防衛を可能にするのが、合衆国の腹積もりであった。[146]

他方、ソ連の側では、核の引き金に西ドイツが指をかけるのを、いかなる形であれ許すつもりなどなかった。

仮にソ連が受け入れたとしても、自主外交を強める中国が耳を傾ける可能性は皆無であった。一九六四

年夏には、合衆国自体、北京の核武装を織り込んで不拡散の戦略を練っていたのである。[147]

中国が五番目に核実験をした国になったのは、その秋のことである。

それからは、インド・日本・イスラエル・エジプト・西ドイツの核保有を阻止することが合衆国の課題となった。

## グランドデザイン

一九六五年一月に作成されたギルパトリック委員会の報告書は、不拡散のグランドデザインであった。急いで努力しなければ手遅れになる、と警鐘を鳴らした。例えば対日政策では、核攻撃に対する防衛を約束し、核武装の代わりに威信を向上させるのを手伝い、世界の指導者として重要な役割を果たすことを支持することが勧告された。[148]

東京が辿るその後の軌跡とは奇妙に符合する。

リンドン・B・ジョンソン大統領が日本に核の傘を保証したのは、報告の直前であった。佐藤栄作総理大臣は、一九六七年に「核は保有しない、核は製造もしない、核を持ち込まない」と非核三原則を声明し、一九七〇年には核不拡散条約に署名した。

その極致は、インドが核実験をした一九七四年、「代わりの威信」としてのノーベル平和賞が彼に授けられたことであろう。

ギルパトリック委員会は、多国間の合意も推奨していた。

核不拡散条約はもちろんである。包括的核実験禁止条約（ＣＴＢＴ）もまた、核実験を妨げ、信頼できる核兵器の保有を不可能にする。

これらとともに、非核地帯を挙げていた。[149] ブラジル決議案に反感を抱いていたころに比べれば、格段の進歩であった。

ラテンアメリカについても、五か国大統領共同宣言のころから、非核地帯の価値を合衆国はおおむね認めている。

おおむね、というのは、拡散への懸念を共有していると表明しながらも、キューバなど五か国以外の域内諸国の反応と、これから交渉される合意の内容に関心を寄せたからである。[150]

実際、内容に注文をつけるため、手ぐすねを引いていた。賛否を判断する四基準なるものまで用意したのである。

基準の第一は、地域内からの発意である。ソ連のような外部の国が非核化を押しつけようと必死になる時、何らかの意図が隠されている、という観点からの発想であった。

第二は、地域内の全国家が含まれるべき、という基準である。キューバのような特定の国が参加を拒めば、著しく不公平になりかねない。

第三は、軍事上のバランスを乱さない、という基準である。背景には、西ベルリンの安全を脅かすラパツキ案のようなものを排除する狙いがあった。通常兵力だけでは東側が有利になる、とみていたからである。

第四に、適切な検証および査察の規定が挙げられる。[151] 相手が秘密裏に持ち込みや製造を図ることを妨げ

るためである。査察は自軍の手の内を曝すことにもなるわけで、軍縮交渉をしばしば停滞させた条件である。厳しい注文は、非核化の芽まで摘み、角を矯めて牛を殺すことはないであろうか？　それを辞さなかったのは、自らに都合がよい条約を作らせて、将来の不拡散・非核化におけるモデルにする魂胆であったからである。

## 準備委員会

来年戻ってくる、と大見得を切ったにもかかわらず、非核化交渉は遅々としていた。予備会合が開かれたのは、一九六四年も一一月になってのことである。晩秋から初冬にかけては国連総会の山場でもある。軍縮の専門家たちは第一委員会と本会議を駆け回る。想定していた九月には友好関係原則宣言の特別委員会が先約を入れていたため、多忙な時期と重なった。本交渉のために、ラテンアメリカ非核化準備委員会（ＣＯＰＲＥＤＡＬ）を開くことを決め、わずか五日で閉会した。

翌年三月に準備委員会が始まった時、五か国共同宣言から二年が経とうとしていた。最大の問題はキューバである。そもそも非核化決議に棄権した同国には、参加の招請自体なされなかった。予備会合の二週間後には、あのチェ・ゲバラが、歴史的な演説を国連総会でぶっている。合衆国が「侵略的な基地」を維持し続ける限り条約には入らない、と宣言した。[152]　その基地があるグアンタナモ湾は、六十年前に合衆国が租借したまま返還要求に応じない失地であった。

しかし、周辺国から見れば、キューバにだけ核兵器が置かれることは看過できない。隣の島国、ドミニカ共和国がキューバを誘うことを提案した。

委員長のガルシアロブレスは、早速、ハバナに電報を打った。[153]

返事があったのは五か月後、第二会期の開始早々である。

ラテンアメリカ中、メキシコシティにだけ、キューバ大使館があった。OASがキューバとの断交を決議したにもかかわらず、メキシコだけ従わなかったからである。

大使が面会しにやってきて、見解を委員長に伝えた。

西半球唯一の核大国が基地を維持し、侵略的な政策を続けているので参加できない、とゲバラ演説通りであった。[154]

コロンビア代表が激しく反発した。域内すべての国を含まない合意は現実的でない。キューバは米州に共産主義を広めたがっている、と。[155]

事実、ソ連の核兵器は体制存続の命綱であった。それがあったからこそ、ゲバラがコンゴとボリビアで革命を企て、後にカストロがアンゴラに派兵することも可能であったのである。

**セテカマラ**

代表たちの資質が取り沙汰されていた。

大概の国は、お偉方がいいであろう、と気を回して、メキシコシティ駐在の大使たちを任命した。

しかし、必要なのは核軍縮についての知識である。

核兵器の検証・査察・管理といったテーマは、科学技術と軍事の知識を要し、国家主権とも絡むデリケートな主題である。合衆国には、検証について適切な規定を入れるよう釘を刺されていた。

それに精通していたのは、ブラジルの国連大使、ジョゼ・セテカマラ副委員長とガルシアロブレスくらいであった。

セテカマラは合衆国の大使館員に、手厳しいながらも核心を突いたコメントをした。

メキシコの真の目的は、国内に向けては政治的成熟度を見せ、国外に対しては影響力を上げることにある、と。[156]

交渉がショーでもあったことは、周到な運営から窺われる。特に、会議記録の作成に手間がかけられた。同心円を重ねたシンボルマークまで用意する凝りようであった。

セテカマラは、ガルシアロブレスについては「鋭敏、論理的、明確」と評価した。

ところが、他国の代表たちについては、核問題の知識がなく、本国からの訓令も受けていない、と苦言を呈した。難しい問題を解決するには、残された時間はあまりに短い、と焦っていた。[157]

楽観的なガルシアロブレスと悲観的なセテカマラとの差は、性格から来るものばかりでなかった。

ブラジルは軍事政権であった。しかも、その大統領本人が、非核化を軽んじていた。[158]

ラテンアメリカで最大の人口と面積を誇ることから生じる大国意識も影響していたろう。

## エプスタイン

総会決議を作る段階で、代表たちの知識不足をガルシアロブレスは予見していた。一つのトリックを決議に仕込むことにした。技術的便宜の提供を、国連事務総長に要請する一文を入れたのである。

彼の手を借りよう、という意中の人物がいた。国連事務局時代の同僚、ユダヤ系カナダ人ウィリアム・エプスタインである。この時には、軍縮問題部長になっていた。

本当にエプスタインを意識して決議を作っていたのであれば、彼自身が交渉に参加しないことになった場合、どうするつもりであったのか？

国連事務総長に、エプスタインを参加させてほしい、と準備委員会は求めた。[159] 第二会期から、作業部会Bに加わってもらうことになった。

彼の参加は、一つの神話になっている。

ゴンサレスガルベスら外務省職員の数名とともに、夕方六時に作業を始めた。

午前二時か三時に担当部分の草案が仕上がった。その日のうちに会議に上げられ、二、三日後に承認された。[160]

作業部会Bが取り組んだのは、包括的な禁止事項についてであった。核兵器の実験・使用・製造・生産・取得・受領・貯蔵・設置・配備・所有・管理、すべてが不可とされた。

締約国のみならず部外者までも縛ることで、それは不拡散条約を超えていた。国際機構を設立する点でも、大掛かりであった。ラテンアメリカ核兵器禁止機構（ＯＰＡＮＡＬ）と命名された。

さらに、平和目的核爆発という未知の技術を物色していた。ダイナマイトの代わりに、土木工事に核爆発装置を使うのである。

ただし、合衆国が疑っていた。非核兵器国が自主的に開発や実行をするのでなく、核大国が爆発をサービスする方法がよい、とコメントを寄越した[161]。

このころ、交渉会場が当初のサンヘロニモリディセ地区から移った。トラテロルコ地区は、メキシコシティの中心からやや北よりにある。周囲にはニュータウンの装いの団地が広がっていた。

かつて外務省の本館があった敷地の目の前には、観光名所の三文化広場がある。チャプルテペックもそうであるが、アステカ起源の言葉を使いたがったのはナショナリズムの表れであった。

## 域外国

作業を加速するために、翌一九六五年の春に条約案を作り上げることを準備委員会が決めた[162]。

しかし、軍縮交渉特有の難題が加速を阻んだ。他人が銃を持っているのに、自分だけそれを捨てる不安

である。

ラテンアメリカ諸国だけが非核化すればよいわけでなかった。二種類の域外国から、約束を取りつけ、不安を緩和しなければならなかった。

一つは、近くにある域外国の海外領土である。

フランスの場合、仏領ギアナと仏領アンティル諸島を有していた。

オランダには蘭領アンティルと現スリナムがあった。

イギリスはカリブ海の島々とフォークランド諸島を領し、ガイアナとベリーズが独立しようとしていた。

米領バージン諸島とプエルトリコは合衆国の領土である。

これらに核兵器が置かれてはならないという関心から、附属議定書Iが起草された。

領土ではないが、戦争によって獲得された合衆国の租借地、すなわちグアンタナモ基地とパナマの運河地帯にも、慎重な扱いが求められた。

もう一つの不安は、核大国からの脅威であった。

域内に発射装置が据え付けられなくても、ミサイル・爆撃機・軍艦があれば、外から攻撃が可能である。そうした攻撃や脅迫をしないよう、誓約させなければならなかった。附属議定書IIはこの関心に基づいた。

## 海外領土

渉外活動を行うため、二つの作業部会が設けられていた。作業部会Aは、地理的境界の定義と海外領土

の問題を扱う。作業部会Cは核大国の問題を扱う。
セテカマラは両部会に期待したものの、結果は不本意なものであった。[163]
そこで、改めて、交渉委員会を立ち上げた。ニューヨークの国連総会に関係者が集まるのを利用して、働きかけるためである。[164] ガルシアロブレス自ら陣頭指揮に当たるということにほかならない。
その結果、地理的境界が確定した。北限は、合衆国の大陸部を除く北緯三〇度線、と定められた。
デリケートな土地が入っていた。合衆国のグアンタナモ基地・パナマ運河地帯・プエルトリコ・バージン諸島である。
ウィリアム・C・フォスターが、合衆国の軍備管理軍縮局長であった。
彼からは、プエルトリコとバージン諸島は本領なので困るが、運河地帯は非核地帯に入れて構わない、グアンタナモについてはキューバが条約に加入すれば非核化する、と回答があった。[165]
フランスからは、カリブ海とギアナの海外領土において、核兵器を使ったり、核実験をしたり、ミサイルを発射したりする意図はない、との返事であった。持ち込まないかについては無言である。
オランダとイギリスからは、非核化に前向きな回答が寄せられた。[166]
米仏には問題が残ったものの、とりあえず附属議定書Iが作成された。

**核大国との接触**

ソ中とも、附属議定書IIについては接触しなければならなかった。

非核化への最大の壁は、ソ連がキューバに核兵器を持ち込む事態と考えられた。それについて、ソ連は何の言質も与えなかった。[167]

中国はそれ以上に取りつく島もなかった。

はるばるラテンアメリカに核兵器を使ったり、持ち込んだりするつもりはなかったろう。

しかし、国民党政府をラテンアメリカ諸国が支持していたことが接触を難しくした。北京政府には国連への代表権もなかったので、ニューヨークでも連絡できなかった。

合衆国はセテカマラに、中国との協議について尋ねてみた。その意図はない、との答えであった。[168]

衆人環視のもと、準備委員会は開かれた。

第四会期には、東西ヨーロッパ・北米・中華民国・ガーナ・インド・イスラエル・日本・エジプトの二二か国がオブザーバーとして立ち合っていた。

その手前、いい加減な対応では、自国の安全がかかった関係国は、条約や議定書への参加を拒むであろう。

窮余の策として、北京政府が大使館を持つ国に勤務し、同国外交官と接触したことがある者を探し出した。

メキシコの駐エジプト大使がポーランド在勤時に、王炳南大使と接触したことが分かった。好都合にも、王炳南は外交部の次官という要職にあった。

その大使は、ラテンアメリカの非核化を中国は尊重するか、を問い合わせる私信を中国の現駐エジプト大使、黄華に託し、届けてもらった。

ひと月半後にもたらされた黄華の返事は落胆させるものであった。

努力には共感するが、非核化交渉は国連総会決議と連動したものである。国連が中国の代表権を侵害する限り、非核化条約には参加できない、ということであった。

この二週間後、連絡に当たったメキシコ大使は急死してしまった。[169]

キューバ・ソ連・中国とは、緊張緩和や紛争解決の様子を見て、海路の日和を待つよりほかなかった。

### 通過権

通過（トランジット）については、他の核大国も留保した。核兵器を搭載した艦船や飛行機が非核地帯を通過中に一時寄港する場合である。

起草中の不拡散条約は、五大国が同盟国に核兵器を「持ち込む」こと、つまり貯蔵や配備を禁止しなかった。しかし、キューバ危機を振り返れば、それが国際関係を不安定化させることは明らかである。

非核化の意義は、まさに持ち込みを許さないことにある。核搭載艦船の寄港が常態化すれば、もはや貯蔵や配備と区別がつかない。

ラテンアメリカ側が軍艦の寄港を拒否してしまえば問題ないものの、それでは関係悪化が避けられなかった。

核保有国の側にも、等閑視できない事情があった。特に合衆国は、寄港が認められなければ、パナマ運河を核搭載艦船が通航できない。したがって、大西洋と太平洋の間で核兵器を運搬できないことになりかねない。

最終的に選ばれた答えは、どう対応するかは、寄港地がある国による主権の自由な行使に任せる、というものであった。[170] 核大国には好都合な解決方法である。

他方、寄港地の国には、搭載を疑われる軍艦に対する入港の可否判断が迫られることになった。佐世保で原子力空母エンタープライズの入港が大騒ぎになったのを見ても、デリケートな問題であったことが分かる。

附属議定書Ⅱについての渉外は険しかった。

しかし、法的拘束力のない総会決議や一方的な宣言によってでなく、条約によって非核化を尊重させる価値は過小評価されてはならない。主権を持つことを再確認する必死の努力であった。

# 第九章　試練のトラテロルコ条約

# 第九章　試練のトラテロルコ条約

## 危機

一九六六年春、交渉は空中分解の危機に陥っていた。仕上げると決めていた条約案を、調整委員会は起草していた。[171]

草案に反対したのは、セテカマラであった。彼は独自にブラジル案を作成した。[172]

その特徴はナショナリズムである。

例えば、ＩＡＥＡとの保障措置協定については、調整委員会案はラテンアメリカ核兵器禁止機関が一本化して締結する、としたものの、ブラジル案は各国が個別に結ぶとした。

平和目的核爆発に関しても、調整委員会案は同機関の認可が必要とした一方、ブラジル案は通告でよいとした。

最重要な懸案と考えられたのは、発効要件である。

調整委員会案では、単に批准した国家の間で発効し、五か国の批准書が寄託された時、核兵器禁止機関が活動を始めることになっていた。

それに対してブラジル案は、すべてのラテンアメリカ諸国、すべての海外領土を持つ国、そして、すべての核保有国が議定書に署名して、初めて条約は発効する、と気の遠くなる要件を付けようとした。[173]

蜂の巣をつついたような騒ぎになった。

セテカマラは堂々と弁明した。

条約案を提出するのは国家の権利である。むしろ、調整委員会という下部機関にすぎないものがそうすることこそ、越権行為でないか。委員国のエクアドル・エルサルバドル・ハイチ・メキシコこそ、条約案を出し直さなければならない、と。

五日後、ブラジル案にコロンビアが乗ったブラジル・コロンビア案が提出された。[174]

軍縮交渉の長い歴史では、ブラジル代表の発言が正論である。代表は本国からの訓令に従って是々非々の行動をとるものである。

ガルシアロブレスには、専門知識を有する我々が先導しなければ作業が進まない、と焦りがあった。そうした主導権を許容する信頼を、ラテンアメリカの地域主義は育んだはずである。

事情は変わっていた。

共産主義から軍事独裁に至るまで、国家体制は分極化した。いわんや国家の生存や死活的利益が関わる非核化がテーマであった。

会期末の五月四日、条約案は承認された。意見対立があった条項では、左右に段組みをして両論が併記された。[175]

閉会の辞を、彼は読み上げた。

この部屋よりふさわしい会議場はない、と何事もなかったかのように切り出した。

アステカ文明の都市遺構、スペイン植民地時代のカトリック教会、そして核兵器の危険と利便を知る現

代のメキシコが共存するからである。

そして彼は、非核化という共通の目標を各国代表の発言を引いて確認し、総括に入った。条約案をダンバートンオークス提案になぞらえて「トラテロルコ提案」と呼んだ。前者は歴史上、名誉ある位置を占めているが後者のほうが完成度が高い、とおどけて見せた。

ゆっくりとではあるが確実に前進している。後退はなかった、と糊塗をした。

ブラジル・コロンビア案については、基本文書の一つに加える、と持ち上げた。[176]

苦境に決して屈しないのが彼の強さであった。

## 暗礁

条約を拒むキューバの問題は、相変わらず頭痛の種であった。それは同時に、この問題を過大視する合衆国への困惑でもあった。

ブラジル案が出される数日前、時のメキシコ外相がラスク国務長官と会談した。困惑を包み隠さずに打ち明けた。

キューバが加わらないことに貴国は初め否定的であったのが、容認へと転じ、今また否定的に戻ったのではないか、と。

キューバ抜きの非核地帯は無意味、と初めから自分は確信していた。最近やっと、他の省庁が足並みを揃えてくれた、とラスクは答えた。ブラジルとアルゼンチンの核兵器への無欲を保証する不拡散条約なら

ば、キューバ抜きでも意味がある、と付け加えた。[177]
ちなみに、合衆国における容認派の筆頭はロバート・S・マクナマラ国防長官であった。梯子を外された、とメキシコが訴えたのは無理もない。
前年一二月の軍備管理軍縮局からの書簡では、キューバが参加すれば、グアンタナモを非核地帯に含めることに合衆国は同意できよう、と書かれていた。[178]
キューバが参加しなければ、グアンタナモは非核地帯に含ませない、と言っているだけである。グアンタナモ以外は無条件に含めてよい、と解釈することさえできる。
キューバなしでは無意味、というラスクの発言は言いすぎであった。初めから、ハバナの説得は焼け石に水、と分かっていたはずである。
ブラジルの硬化は、こうした合衆国側の豹変にうまく乗じた形となり、板挟みのメキシコは孤立した。交渉は暗礁に乗り上げた。八月三〇日に始まった第四会期は開会当日、翌年一月に延期された。
逸話が残っている。交渉がとりわけ困難であった時、というから、ちょうどこのころであろう。外務省内で交渉の放棄を望む者があった。多分、グスタボ・ディアスオルダス大統領もそういう考えである、という暗示もあった。
ガルシアロブレスは大統領に直訴して、まだ諦めないよう説得した。[179]
もっとも、別の読み方もできる。直訴が時の外相の頭越しで行われた事実に注目しなければならない。
勤続三十年近くの生え抜き外交官ガルシアロブレスは、政府内での信望が高かった。大統領さえ彼の意

見を無視できず、そして了解した……。この場合、交渉の放棄を示唆したのは親米派大臣本人であった可能性がある。

彼の優秀さは、国外でも知られるようになっていた。

その年の暮れに行われる予定の国連事務総長選挙に備え、秋口に、合衆国は候補者になりうる人物をリストアップした。

有力候補者は押しなべて常駐代表団長や外相の経験者であった。

しかし、彼の名もあった。

「彼は優秀、正直、しかし強度のナショナリスト、いくぶん左翼的、そして合衆国の諸動機に疑い深い」と記されていた。[180] 領海三カイリの阻止に采配を振るったことが「反米」と解されたのであろう。

活躍するほど人には色が付く。そうした者ほど、拒否権を持つ五大国には疎んじられる。現実には、ウタントが事務総長に再選された。

国際社会での評判が上がっても、心は闇の中であったろう。

## またもやトリック

彼は待っていたのであろう。国連総会が始まれば、水を得た魚のように泳ぎ回ることができるのを。実際、彼は会期をフルに活用した。

クリスマス休暇明けの一二月一七日と二八日、調整委員会が開かれ、妥協案を作成した。発効要件につ

いては、ウェイバー条項が考案された。

ブラジル・コロンビア案のままでは、ラテンアメリカ諸国・海外領土保有国・核大国が一国でも批准しないと発効しない。

英語でウェイバー、スペイン語でディスペンサとは「放棄すること」の意である。

この条項を行使する署名国は、全当事国の批准という要件を放棄して、自国だけ条約を発効させることができる。[181]

他国の非核化状況を問わず非核化したい国も、他国の非核化を自国の非核化の条件としたい国も、互いに迷惑をかけず好きな道を選ぶことができる。信じがたいようなトリックであった。

署名についても一計が案じられた。

ラテンアメリカが世界に模範を示す最後のチャンスである。条約作成後、一気呵成に署名開放まで済ませてしまうのがよい。

そこで、準備委員会代表には署名の全権も与えておくことが合意された。[182]

## 産みの苦しみ

一難去ってまた一難。産みの苦しみは峠を越えていなかった。

これに先立つ総会会期中、合衆国のフォスターは、平和目的核爆発についてブラジルの高官に尋ねられた。

核兵器と平和目的核爆発装置とは区別できないというが、それがそんなに重要なのか、と。

合衆国の見解では、世にそうした装置と称されているものは、すべて兵器として使うことができた。締結を目指す核不拡散条約では、それを禁止するつもりでいた。[183] メキシコシティで悪い先例を作られては困ることになる。

争点は平和目的核爆発に移っていた。

一九六七年一月末日、最後の準備委員会が始まった。

ブラジルが平和目的核爆発の容認派の頭であった。それを支持するアルゼンチンとベネズエラに、メキシコおよびチリが対抗した。

それは条約が核兵器の「拡散条約」になるか、「禁止条約」になるか、を分ける綱引きであった。

ブラジル代表は、条文を変えないよう、訓令で固く命じられていた。将来的に兵器としては使えない核爆発装置が発明される可能性を彼らは強調した。[184]

メキシコについては、合衆国の代弁者のような言動をしている、と見る向きがあった。

アルゼンチンは、自国の基本的立場と相容れない動きが現れた時には脱退しよう、と決めていた。[185]

それでも、合衆国はあえて介入した。ブラジルの大統領に直接、平和目的核爆発を不可能にするよう圧力をかけた。[186]

しかし、このデマルシェ（申し入れ）は失敗した。熱意を伝える挨拶代わりであったろう。将来、ブラジルが締約国となるまで、粘り強く説得しなければならなかった。

結果的には、平和目的核爆発はできるとも、できないとも、両方に解釈できる条文が採用された。

名称も、ブラジルの提案によって、非核化条約から核兵器禁止条約に改められた。平和目的の核爆発は禁止されない、という立場からである。[187]

閉会式はバレンタインデーの二月一四日であった。

メキシコ大統領の臨席のもと、署名開放式典が執り行われた。[188] この日に署名したのは一四か国であった。翌日にはニカラグアが続いた。

署名しなかった国に、ブラジルとアルゼンチンが含まれた。

条約は産まれたものの、発効はいつなのか、平和目的核爆発を止められるのか、誰にも分からなかった。

## 温かいパン

フランス語で諸国民の宮殿を意味するレマン湖畔のパレデナシオンは戦前、国際連盟の本部であった。大戦後、国連に移管されて、ヨーロッパ本部として使われている。

ジュネーブはガルシアロブレスにとって、メキシコシティとニューヨークに並ぶ人生の拠点となる。

準備委員会が閉幕した一週間後、「窯出しされたばかりの温かいパン」[189] のような条約を一八か国軍縮委員会に届けるため、そこに乗り込んだ。

もともと、ジュネーブの軍縮委員会は東西両陣営が向かい合って交渉する場であった。やがて拡大され、メキシコなど中立・非同盟諸国が参加するようになった。

世界の軍縮関係者が一堂に会している。

国連からはプロティッチが、事務総長特別代表の資格で出席した。同副代表はエプスタインであった。合衆国のフォスター局長もいた。

スウェーデンのアルバ・ミュルダル代表は、ガルシアロブレスとは一九四〇年代に国連の同僚であった。その他、国連総会での顔なじみたちがいた。彼自身は意外にも、初参加であった。

凱旋将軍のように輝かしいデビューになった。非核化の総会決議に関わってから三年半、予備会合の議長になって二年半、ガルシアロブレスは条約交渉の顔であった。

初回の発言こそ、交渉過程の解説に費やされた。翌月には、交渉中の核不拡散条約に対し、先輩として助言をした。それを紹介しよう。

**一　最善は善の敵**

これは厳しい注文を付けた合衆国への恨み言であろう。

**二　核兵器の拡散にブレーキがないことは、すべての国家の安全を危険にする**

軍拡一般に言える真理である。

**三　どんなに不完全でも条約がまったくないよりは、まし**

完全無欠を求める潔癖さへの戒めである。

**四　理論的な不完全は、実際の運営を損なわない**

手腕に自信がなければ言えない、経験に裏打ちされた実際主義である。

**五　トラテロルコ条約と同じくらい詳細で包括的であろうとすれば、確実に失敗する**

トラテロルコ条約が三一条から成るのに対し、核不拡散条約は一一条にすぎない。

**六　主な困難は、最大限の明確な規定を含めようとする国と、最小限しか条文を含めようとしない国との和解**

世界の国々を巻き込む条約は、それだけ立場の違いも広くなることを予言する。

**七　和解が不可能であるならば、別のところで解決を見つける**[190]

確かに、核不拡散条約は各国の参加を促すため、別のところで解決を見つけた。後日、再検討する会議を開くことと、二五年後まで有効期間を定めないことである。これらは、過酷な条件が固定化されることを恐れる不安への配慮であった。

出席者は、真情の吐露に聴き入ったであろう。

交渉中、合衆国・キューバ・中国・ブラジルなど多方面から注文をつけられ、鬱積していたものが吐き出されていた。

**朗報**

条約の締結で喜んではいけなかった。全当事国が条約と議定書を批准するまで、多難な前途が待ち構えているであろう。

先ず隗より始めよ、という。

メキシコ自体が九月二〇日に批准書寄託の手続きを済ませ、その五日後にＩＡＥＡとの保障措置協定の交渉に着手した。[191]

秋には、国連総会で演説をした。

条約の意義として、ラテンアメリカには完全に核兵器がないこと、人間の居住地域では初の非核地帯であること、永久的監視機関により管理されること、原子力の平和利用は認められること、を挙げた。[192]

条約と両議定書に未署名・未批准の国には毎年、総会決議を繰り返して、署名と批准を促すことにした。[193]

活動の甲斐あってか、アルゼンチンとブラジルは一九六七年中に署名した。セテカマラが国会で、批准を勧める証言をしてくれた。

その中で「望まれる目的を達しながら、平和目的での核研究を手がけるブラジルの権利も保障する条約を起草するメキシコ人の手腕」を称えた。[194]メキシコ人とは彼のことであろう。セテカマラは、その能力に

舌を巻いていたようである。

翌年、ブラジルは批准をしたが、ウェイバーを行使することまではしてくれなかった。

一方で、ラテンアメリカ核兵器禁止機構を設立する動きがあった。締約国が一一か国に達したら直ちに、設立のための会議を招集する条約規定になっていた。

会議は一九六九年九月と翌年九月に、メキシコシティで開かれた。ウタント事務総長が主賓として挨拶した。

円滑かつ効率的な運営は、オブザーバーとして参加した日本の外交官にも強い印象を与えた。議長を務めたガルシアロブレスについては、「議事運営振りは称賛に価する」と報告されている。[195]

この会議で、機構の本部をメキシコシティとすることが決められたほか、事務局長や理事国が選ばれた。しかし、締約国の増加は遅々としていた。域外国について言うと、優等生はイギリスであった。早くも一九六九年に、両方の附属議定書を批准した。

次の朗報は、合衆国による附属議定書Ⅱの批准であった。

一九七〇年六月に、ニクソン政権のヘンリー・A・キッシンジャー安全保障担当補佐官が訪墨した。メキシコの外相と批准について議論していた、という記録が残されている。手続きが完了したのはその一年後であった。[196]

さらに二か月後、オランダが附属議定書Ⅰの批准を済ませた。

ここまでの功績では、ガルシアロブレスにノーベル賞は授与されなかったろう。

トラテロルコ条約に対する最大の功労者はロペスマテオス前大統領であった。もともと病弱であった彼は、署名開放の二年余り後、亡くなってしまった。締結時のディアスオルダス大統領も一九七九年まで存命であり、彼を差し置いての受賞も考えにくい。

# 第一〇章　第三世界のリーダー

# 第一〇章　第三世界のリーダー

## 外交革命

一九七〇年一二月、六年間、彼が仕える新大統領にルイス・エチェベリアアルバレスが就いた。

人事も一新された。彼の外相就任を予想する新聞もあったが、その座は駐米大使エミリオ・O・ラバリに渡った。[197]

彼が任命されたのは国連大使であった。六〇歳の円熟期を迎え、満を持して、最も得意な舞台に登板できたことになる。

そのころの世界では、冷戦の疲労と破綻が露呈していた。

矛盾が最も明らかであったのは、中国問題であった。世界最多の人口を持つ国が世界最強の合衆国と外交関係を持たなかった。ソ連との仲はとうの昔に冷えきっていた。

国際政治のもつれを解きほぐそうと動いたのが、合衆国のリチャード・M・ニクソン大統領とキッシンジャー補佐官である。

世界を驚かせた一九七一年夏のキッシンジャー極秘訪中は、関係正常化の第一歩であった。国連での代表権が台北から北京に移るのも時間の問題である。

ところが、ワシントンDCは台湾を国連に残す方策を探っていた。国連総会でこの議題を重要問題に指定すれば、可決のハードルを単純多数から三分の二の特別多数に引き上げることができる。

メキシコへの働きかけでは、最後には、ニクソン自らエチェベリアアルバレスに電話を入れて支持を取りつけた。その反対勢力と国務省筋がみたのが、ラバサとガルシアロブレスのコンビであった。[198]

合衆国の企ては失敗し、その秋、中華人民共和国は唯一正統な中国代表として承認された(A/RES/2758(XXVI))。

国連大使としてみれば、中華人民共和国の参加が時間の問題であるなら、この第三世界の大国と一刻も早く接近しておくのが得策であった。実際、彼は一一月半ばの本会議で、それを歓迎する発言をしている。[199]

行動は素早かった。かつて附属議定書Ⅱに関わった黄華が国連代表になっていた。

翌年のバレンタインデー、ガルシアロブレスと彼はニューヨークで外交関係を樹立する協定に署名した。

この中で、トラテロルコ条約への支持も取りつけた。[200] 中国にとって、国連が敵でなくなったのであるから、それがお墨つきを与えた条約を敵視する必要もなくなったのである。

当然、北京にはメキシコ大使館が置かれた。そこに、中国の外相から書簡が来た。ラテンアメリカには核兵器の使用も、脅迫もしない、とされていた。[201] 真っ暗闇であった中国の加入問題に光明が射した。

もう一つ、変化があった。

国連事務総長にクルト・ワルトハイムが選ばれたことである。

母国オーストリアがドイツに併合されていた時代に、ナチス突撃隊の将校であった経歴が、後に世界を騒がせる。

事務総長選挙では話題にもならなかった。

敵がいないこと、がワルトハイム選出の決定的な理由であった。ワシントンDCには、敵を作る行動もとらないことが物足りないほどであった。[202]

ガルシアロブレスも有力候補であったものの、「我々はガルシアロブレスが好きではないだろう」と時の合衆国国務長官は一蹴した。[203]

## エチェベリアアルバレス

エチェベリアアルバレスという人物は二面性を持っていた。

一つは、反政府活動に対する容赦ない弾圧者という顔である。

オリンピックの開催に反対する学生のデモを鎮圧し、数百名を虐殺した。このトラテロルコ事件に対し、内務大臣であった彼は責任を免れない。

大統領就任後にも、反政府ゲリラを厳しく摘発した。反共のためには合衆国のCIA（中央情報局）と手を握ることさえ辞さなかった。

もう一つは、左翼政治家としての顔である。経済的弱者の地位向上は、国連における七七か国グループ（G77）の主張と重なる。

一九七二年四月、彼はチリの首都サンチアゴを訪れていた。

サルバドル・アジェンデが訪問先の大統領であった。銅山の国有化を断行し、先進国から危険視された。両者は左翼的な政見が共通していたため親しくなった。

UN Photo/Yutaka Nagata メキシコ大統領の国連訪問。左から、ラバサ、ガルシアロブレス、エチェベリアアルバレス、ウタント。 05 October 1971 United Nations, New York, Photo # 83924

同地ではＵＮＣＴＡＤ（国連貿易開発会議）が開かれており、メキシコ大統領は演説した。世界人権宣言を補完するため、国家の経済的権利義務憲章を起草しよう、と提唱したのである。

審議の末、その線に沿って、決議四五（Ⅲ）が採択された。反対した国はなかったものの、先進国は棄権した。[204]

こうしてＵＮＣＴＡＤは作業部会を設けた。メンバーは四〇に拡大され、Ｇ40と呼ばれた(A/RES/3037(XXVII))。

彼はこの憲章に賭けていた。

意気込みは、一九七三年春の六か国歴訪に表れた。

カナダ・イギリス・ベルギー・フランス・ソ連・中国と、各地でそれを話題にし、支持を求めた。相手国は留保を付しもしたが、感

触は悪くなかった。[205]

この外遊で、トラテロルコ条約についても取り上げられている。フランスと中国には効果があった。ともに附属議定書IIに署名し、翌年、批准を済ませた。

ソ連は催促にもかかわらず「のれんにうで押し」であった、とは、国連局長になったゴンサレスガルベスの弁である。[206]

## 壁

国家の経済的権利義務憲章への高い壁は、合衆国であった。この年八月、ラバサとガルシアロブレスは、国連本部で同国代表団と会談した。

メキシコ側は、バランスが取れた穏健な文書にしたい、と安心させようとした。

しかし、先進国の間では、権利義務憲章とは途上国にとっての権利と先進国にとっての義務の憲章にはかならない、と皮肉交じりに囁かれていた。[207]

一〇月にも、国務長官に昇格したキッシンジャーに、両人が説得を試みた。

今会期中に合意に達したいと語ったラバサに対し、衡平でバランスが取れた文書であるべき、と国務長官は繰り返した。[208]

翌年になっても、メキシコは精一杯の努力をした。

一月にはワルトハイムを大統領府で歓待し、六月にはG40をメキシコシティで催した。その議長はガル

シアロブレスの右腕、カスタニェダである。[209]

春の国連特別総会では、有名な新国際経済秩序（ＮＩＥＯ）の宣言(A/RES/S-6/3201)と行動計画(A/RES/S-6/3202)が採択された。

そこでも、ラバサ・ガルシアロブレス・ゴンサレスガルベスが揃い踏みしたメキシコ勢は、詰めの非公式交渉に加わる大役を果たしていた。[210]

新国際経済秩序は、途上国の力の絶頂に建てられた記念碑である。余勢を駆って、次は憲章を採択する番、と考えたとしても無理はない。

ところが、合衆国の見方は違っていた。

エチェベリアアルバレスの個人的な野心や国際的な威信、例えばノーベル賞を求める手段と解されていたのである。[211]

そんなもののために、大仰にも憲章と銘打たれた決議を通されてはたまらなかった。

**潮時**

数知れないラテンアメリカの外交官と法学者が、外国人の財産と外交的保護の問題に取り組んできた。国連国際法委員会は国家責任の一環として扱ったが、ガルシアアマドル委員が退くと、もはや論じなくなってしまった。

今、この難題に決着をつけるチャンスを与えられたのは、ほかならぬガルシアロブレスであった。

一九七四年七月、「国際関係におけるカルボ・ドクトリン」という論文を書いた。いかにラテンアメリカがカルボ・ドクトリンを国際文書で認めさせようとしてきたか、縷々説かれている。

その掉尾を飾るのが、G40による国家の経済的権利義務憲章案であった。

同案でカルボ・ドクトリンは、「自国民が外国に投資するいかなる国家も自国民投資家に対する特恵的待遇を要求しない」という形で挿入されていた。[212]

彼はこれを、決戦の国連総会に向け、他国を説き伏せる予行演習として著したのかもしれない。

カルボ・ドクトリンは石油産業国有化以来のライフワークであった。青年時代のヨーロッパ遊説、ダンバートンオークス提案に対抗しての外交的保護廃止提案……と、自らの遍歴を顧みて、何がしかの感慨に耽ったことであろう。

**人のなすことにはすべて潮時というものがある、うまくあげ潮に乗れば幸運の港に達しようが、それに乗りそこなえば人生航路の行き着く先も不幸の浅瀬というわけだ**

ウィリアム・シェークスピア、『ジュリアス・シーザー』、小田島雄志訳、白水社、一九八三年、一四九頁。

後日、本件に関する報告書で引用したセリフである。サンチアゴでのUNCTADから一年半、採択の「潮時」であったことを強調するためであった。

潮時の判断をしたのはエチェベリアアルバレスであった。九月中旬、高官たちの意見を聴いた上で、第

二九会期中に憲章を承認させるためのあらゆる努力をする、と決定した。[213]

九月一九日からメキシコは、G77の議長国になった。それは代表団長のガルシアロブレスが国連総会の最大勢力を率いることを意味した。

アントニーらとの決戦に挑むブルータスの言葉を引用したのは、戦に臨む将軍に似た高揚感を覚えたからであろう。

会期冒頭の一般討論演説が、開戦の狼煙であった。彼はUNCTADでの大統領提案に触れ、憲章の採択を求めた。[214]

また、先進国をも含むG40では埒が明かないと見限り、自らが議長であるG77に決議案の起草を依頼した。起草部会長にはゴンサレスガルベスが就いた。

完成した案は一一月一二日にG77で検討された。そこでは、西側諸国、社会主義諸国、そして中国との交渉に当たる連絡部会の設置も決められた。今度はガルシアロブレス自身が部会長になり、先陣に立って折衝した。

約一週間後、結果をG77に報告をして一任を取りつけた。そして翌日、九九か国を共同提案国とする第二委員会決議案(A/C.2/L.1386)が事務局に提出された。[215] 自国投資家に対する特恵的待遇の要求を禁止するカルボ条項は第二条二(a)の末尾に入れられた。

決然たる動きに合衆国は当惑した。

前年まで駐日大使であったロバート・S・インガソルは、皆が同じく感じていると信じた。インドも、

社会主義国も、今会期での採決は望んでいないと言う。

メキシコは、決議案に「賛成でも反対でも、お好きなほうをどうぞ」などと触れ回っている。しかし、工業国も支持して初めて価値ある憲章になるのであるから、コンセンサスを目指すべきである。今のままならば反対投票するのは合衆国だけでない。

本国にいるラバサに、最後の一分まで交渉するよう訓令していないのか訊かねばならない。

インガソルは在墨大使館に打電した。[216]

## 最後の一線

第二委員会で、正式にガルシアロブレスが決議案を提示したのは一一月二七日であった。残った時間で誠実に交渉を続ける意欲を表明した。

二点、釘を刺すことを忘れなかった。一つは、提案は本質的な問題だけにしてほしいこと、もう一つは主権についての問題は交渉に応じないことであった。カルボ条項も主権に関する第二条に含まれていた。

同じ日の午後、西側の連絡部会は修正案を練った。G77案を全面的に書き直すものであった。

例えば第二条二は原案が（a）から（c）までであったのが、西側案では（f）までに増え、カルボ条項はどこかに蒸発してしまった(A/C.2/L.1404)。修正案の総数は一八本に及んだ。[217]

ナショナリズム・イデオロギーからの衝突に対する資本主義イデオロギーの反作用である。

外交的保護とは、自国民の生命と財産を守るため、現地政府に働きかける国家の権利である。外交関係

UN Photo/Michos Tzovaras 一般討論演説に立つガルシアロブレス。 08 October 1974 United Nations, New York, Photo # 31324

に関するウィーン条約にも明記されている。投資財産に対する保護だけ、なぜ除外されなければならないのであろう。カルボ・ドクトリンに対する疑問には一理ある。

ガルシアロブレス側の言い分は、先進国の介入は領土的・経済的野心と結びつく、というものであった。[218]実際、そうして植民地化された事例が帝国主義時代には事欠かない。外国人は投資先の国内裁判所において救済を求めればよい、とする途上国側の主張にも一理ある。

G77と西側の対話は一二月三日に持たれた。ガルシアロブレスは第二条二（a）についてカードを切った。修正案を示したのである。

**いかなる国家も外国投資に対して特恵的待遇を与えることを強制されないものとする**

彼はこう啖呵を切った。この修正案は気前が良い、それは外交的保護を邪魔しない。特恵的待遇を与えることを強制される、と誰が主張できるのか？

確かに、一見、譲歩しながら、武力干渉の効果を否認するという最後の一線はしっかり守っている。彼一流のトリックであった。

他の条項についても、意見交換が行われた。結果はG77に持ち帰られ、一二月五日付の新決議案(A/C.2/L.1386/CORR.6)が作成された。[220]

**決戦**

第二委員会での採決は一二月六日であった。彼の演説は捨てゼリフと言って良い。

第三世界諸国はコンセンサスを得ようとあらゆる努力をしている。しかし、コンセンサスはそれ自体が目的でない。コンセンサスを口実にして、圧倒的多数に自己の見解を押しつけようとする少数派の野心は拒否する。決議の一部だけに乗り越えがたい非難がある国々は、分割投票を要求するのも自由、反対投票するのも自由である。それでも憲章全体には賛成できるなら、してほしい。[221]

西側は討議の延期を求める動議を出したが、賛成はわずか二〇票しかなく、あえなく否決された。次に、西側が提出した一八本の修正案が一々採決され、一々否決された。[222]

憲章本体の番になった。パラグラフごと分割投票にかけられ、すべてが可決された。

第二条二（a）は賛成一一三、反対一〇、棄権四であった。反対したのは合衆国、西ヨーロッパ、そし

て日本であった。[223]六日後の本会議における採決ははるかに簡単であった。分割投票は最小限に抑えられた。全体としての国家の経済的権利義務憲章は賛成一二〇、反対六、棄権一〇で可決された(A/RES/3281(XXIX))。

総会議場では、メキシコ代表団の座席だけ熱気が漂い、隣のモーリシャスとパナマのところまで人が溢れていた。[224]

国連事務局の話では、テレビ回線でメキシコに実況中継されたという。加盟国がアルファベット順に「賛成」「反対」「棄権」を答えていく点呼投票も放送されたであろう。点呼投票をメキシコ側が求めたのは、テレビ映りがドラマチックであるから、というのが合衆国代表によるユーモラスな解説である。[225]

二週間後にガルシアロブレスは報告書を書き上げた。コンセンサスで採択されなかったことは、憲章の価値を減じない、と弁明した。しかし一〇年後のインタビューでは、最後の瞬間までコンセンサスで採択されることを希望していた、と答えている。[226]

国家の経済的権利義務憲章は、全世界が肯定的態度で承認する文書には、残念ながらなっていない。第三世界の立場を表明する基本文書として条約集に収録される。

ミネルバの梟は夕闇に飛ぶ、というが、帝国主義的な干渉はもはや時代遅れとなっていた。その息を完全に止めたのがこの憲章であった、といったところが歴史的評価であろう。

# 第二一章　核軍縮のドン・キホーテ

## 第一一章　核軍縮のドン・キホーテ

### プロパガンダ

敵がいないはずのワルトハイムと加盟国とが激しく対立した。世界軍縮会議案をめぐってである。ガルシアロブレスにとっては活躍できるイベントであるので、賛同の演説をした。国連の枠組みのもと十分に準備し、すべての核大国が参加するのを成功の条件とした。[227]

西側および中国が抱いた企画に対する印象は違っていた。東側諸国がプロパガンダの道具にする意図で提案したのでないか、と疑い、身構えたのである。

冷戦期、平和運動をソ連の操り人形と断じる向きがあった。

その最初の盛り上がりであったストックホルム・アピールは、ジョリオキュリー夫妻やパブロ・ピカソら共産主義者が中心になった。

これを継承した世界平和評議会も、合衆国は警戒した。

例えば、あのカルデナスデルリオ元大統領はその幹部として招かれたことで、ソ連シンパの要注意人物として扱われた。[228]

東西間のプロパガンダを意識しながら、世界軍縮会議の落とし所が探られた。

一九七一年の総会決議は、開催の目的や時間・場所を加盟国から聴き取りすることだけを許した(A/RES/2833(XXVI))。

次の会期でも、ソ連は提案を繰り返した。準備委員会の設置を求めたのである。
米中は、この名称では開催が既定路線のように聞こえると反対した。
結局、ラテンアメリカの妥協案に従い、特別委員会が置かれることになった(A/RES/2930(XXVII))。ソ連にとっては半歩前進であったが、その半歩を無効にするため、米中は不参加を決め込んだ。[229]
冷戦の論理に支配された応酬ほど、不毛なものはない。
総会議長の共産国、ポーランドによって、特別委員会のメンバーが選ばれた。その中には、不参加を決め込んだ米中も入っていた。
東側以外は、軒並み自分たちの意見が取り入れられていないと感じ、批判の十字砲火を浴びせかけた。[230]
ワルトハイムのミスは、こうした批判を無視したまま、開催日程をメンバーに通知したことである。
中国・ラテンアメリカ・アフリカはそれぞれ対抗策を検討した。収拾をガルシアロブレスにやらせよう、という声も上がった。合衆国はボイコットを教唆したものの、会合の成立を妨げるには至らなかった。[231]
一九七三年四月、異様な会合が開かれた。
水面下の折衝によって、筋書きができていた。まず、段取りを事務総長特別代表が確認した。続いて、イラン代表を仕切り役とし、非公式な意見交換が行われることになった。[232]
五月初めの非公式会合で、ガルシアロブレスが発言した。
全核兵器国が世界軍縮会議に参加することが「好ましく」、協力は「不可欠」、という趣旨であった。「好ましい」で止めたのは米中に配慮したからである。[233]

さらに次の会期において、アドホック委員会の立ち上げが決められた(A/RES/3183(XXVIII))。委員会の名前が変わっただけである。

冷戦のグダグダが演じられる中、彼の行動は「理性的」と合衆国に高く評価されていた。合衆国と緊密な協議をし、全核兵器国が支持できるアドホック委員会の立ち上げに建設的な貢献をした、という理由である。[234]

迷走は一九七四年も変わらなかった。

彼は調整役として、渋る米中を説得した。招集についての結論を先送りすることで、ソ連にも刀を鞘に収めさせた(A/RES/3260(XXIX))。[235] つまり、彼は冷戦のやじろべえであった。新聞報道には、中立・非同盟諸国のスポークスマンとして扱われていた。[236]

勃興する第三世界の威を十二分に借り、機が熟すのを待っていたのである。

## 鋤から剣へ

原子力の平和利用と言えば発電が思い浮かぶ。

しかしかつては、運河掘削など土木工事のために核爆発を使う「鋤」計画(プラウシェア計画)があった。剣を打ち直して鋤にする、という旧約聖書の詩句が原典である。剣に核兵器を喩えれば、鋤に当たるのが平和目的核爆発装置である。

トラテロルコ条約において核兵器とは、核爆発が可能で、「戦争類似の目的に使用することが適当な一群

の性質を有する装置」である（第五条）。

ラテンアメリカ非核化準備委員会では、ブラジル代表が平和目的核爆発の容認を求めた。右の定義に照らせば、戦争目的には使用できない装置ができると、核兵器ではないので所有・実験・使用などが許される、と強弁もできる。

合衆国はそうした解釈を打ち消すために、準備委員会が閉会する前の日、自らの解釈を声明した。現在の技術では、いかなる核爆発装置も戦争目的に使うことができる。ゆえに、平和目的と称したところで、それを手に入れることは禁止される。ただし、核兵器国の装置を爆発させて利益を享受することは許される、と。[237]

実際、核兵器国の力を借りる手続きは条約の第一八条に定められていた。

この対立はガルシアロブレスを悩ませた。

締約国が平和目的核爆発を実行しようものなら、直ちに合衆国はトラテロルコ条約を見離すであろう。同国の影響力は絶大であるので、条約の命運は尽きたと言ってよい。

彼は、締約国にその道を歩ませないにはどうすればよいか考えた。国連かＩＡＥＡのもとに組織を作り、それが核爆発を実行するのはどうか、と合衆国に提案もしている。[238]

しかしワシントンＤＣは、核爆発装置を核兵器と区別することはできないと確信していたので、国際機構に核兵器を爆発させるような協力への舵は切らなかった。

一九七〇年に発効した核不拡散条約は、明確に、非核兵器国による平和目的核爆発を禁じた。

しかし、未参加国が多かったことから、即効性がなかった。核大国の中仏、先進国の西ドイツと日本、ラテンアメリカのアルゼンチン・ブラジル・キューバ、ライバル同士のインドとパキスタン、紛争当事国のイスラエルと南アフリカがそうであった。

## インドの核実験

核保有の連鎖反応、という悪夢を脳裏に甦らせたのは、インドの核実験であった。平和目的と称する一九七四年五月の爆発である。コードネームはふざけたことに「スマイリング・ブッダ」であった。

鋤から剣へ、つまり、核武装の口実として平和目的核爆発が使われる危惧が現実になった。

キッシンジャーは、メキシコ人の権威が何を考えているか知りたかった。ガルシアロブレスに助言を求めるよう、ジュネーブの軍縮大使に命じた。アルゼンチンとブラジルに核拡散が及ばないようにするには、どうすればよいか、についてである。[239]

二つのアプローチがある、と彼は答えた。

一つは核不拡散条約第五条を活かすことである。国際監視下で平和目的核爆発を遂行し、非核兵器国にその利益を享受させる。ＩＡＥＡのもとに新制度を設けることは以前にも示唆していた。

もう一つは、同様の利益のためにラテンアメリカ核兵器禁止機関を利用する方法である。

これらが実現すれば、国家の発展のために自前の核爆発が不可欠である、とはもはや言い逃れできない。

核不拡散条約とトラテロルコ条約への加入を誘う良い餌にもなる。

合衆国代表は様々な問題点を指摘した。

トラテロルコ条約自体が、締約国による平和目的核爆発を許しているという解釈があること、そして、未発効国のアルゼンチンとブラジルに義務が生じるのは当分先であることなどである。

ガルシアロブレスは、問題対応への支援を表明した。[240]

この会話によって、米ソが平和目的核爆発をサービスする計画に彼がますます熱心になったことは間違いない。

秋になって、舞台はニューヨークに移った。

NGO主催のある会合で、彼は米ソが平和目的核爆発を研究するよう勧めた。

国連事務局は平和目的の爆発とその研究を控えるモラトリアムを提案していたが、カナダとスウェーデンまでが否定的であった。

こうした空気に萎縮して、日本代表は、支持するモラトリアム案を弁護することすらできなかった。[241]

国連総会でも、ガルシアロブレスは核爆発の平和利用を推進する決議（A/RES/3261(XXIX)D）を先導した。[242]平和目的核爆発は核不拡散を受け入れさせるための切り札であったのである。

そうした動きについていけなかったのが、核の恐ろしさを本当の意味で知っていた日本であった。

一九七五年のことである。すでに一八か国軍縮委員会は、軍縮委員会会議（ＣＣＤ）へと改称されていた。

日本代表はアウトスポークンにインドの核政策を批判した。平和目的核爆発は核兵器の拡散と同義であ

り、包括的核実験禁止条約の締結よりも先に解決しなければならない、と言い放った。

インドを批判する論陣には、スウェーデン、イラン、パキスタン、そして東側陣営も加わった。[243]

**核不拡散体制**

平和目的核爆発以外にも、非核兵器国の身分を受け入れた代償を核不拡散条約は用意した。しかし、蒔かぬ種は生えぬ、の喩え通り、黙っていては代償を迫ることはできない。

一九七五年五月に開かれた再検討会議は好機のはずであった。

合衆国の代表は、核不拡散条約を支持するジェラルド・R・フォード大統領からのメッセージを読み上げた。

新聞紙上でこれと対置されて載ったのが、米ソは軍縮義務を果たしていない、というガルシアロブレスの批判である。[244]

会議を意味あるものにしようと彼は孤軍奮闘した。二本の追加議定書案を準備していた。

追加議定書Iは、核実験の停止と核不拡散条約への加入をリンクさせる。

まず、締約国が百に達し次第、寄託国である米ソ米は地下核実験を一〇年間停止する。その後は、締約国が五増えるごとに、三年間停止を延長する（NPT/CONF/17）。

核兵器国と非核兵器国のバランスを取りながら、非締約国に核不拡散条約への加入を促すアイデアは面白い。実際に二〇年後、包括的核実験禁止条約の締結と抱き合わされて、核不拡散条約の無期限延長が実

現する。

追加議定書Ⅱは、ミサイル数の削減と核不拡散条約への加入をリンクさせる。締約国が百に達し次第、ＳＡＬＴＩ（第一次戦略兵器制限条約）で合意した制限から、さらなるミサイル数の半減を米ソに約束させる。これが実行されたなら、締約国が十増えるたびに、半減されたミサイル数から、さらに一〇パーセントずつ削減させる(NPT/CONF/18)。

待っていたのは、東西両陣営からの猛烈な反発であった。ソ連を筆頭に東側陣営からは、核不拡散条約を別物に改正するもの、と拒否された。

彼は、トラテロルコ条約にも二本の議定書がある、と反論した。[245]

最終的に、両案は撤回された。過半数の支持は得たものの、採択に必要な三分の二を得ることができなかった。

共同提案国からさえ、強い支持がなかったためであったらしい。[246] 核実験の停止とミサイル数の削減を核不拡散条約に結びつけるのは、牽強付会と感じられたようである。

しかし、未来の核廃絶を見据えた包括的なアプローチが必要である、と彼が痛感したのはこの時でなかったろうか。

断片的な争点では、有利な国々と不利な国々とに分かれてしまい、バランスが取れた合意ができない。それを避けるには、争点をリンクさせ、当事者間でギブ・アンド・テイクの関係を作りだすほかないのである。

奇異なことに、文書攻勢をかけた張本人の彼に対する合衆国の評価は非常に高かった。途上国グループの知的指導者であり、多くの文書を作成した。これは会議の成果への期待を途上国に持たせたため、建設的な企画であった、と。[247] ドン・キホーテ役のドン・アルフォンソは合衆国と反目する振りをして、実のところ不拡散体制の確立という共通の目的を持っていたかもしれない。

結局は頑固な核大国を前になすすべもなかったが、ノーベル平和賞に値する、と論評した新聞があった。[248]

## 守護者

国連総会が始まると、一時の歓心は跡形なく忘れ去られた。ガルシアロブレスの側も、核大国の慢心を許さなかった。

特に非核地帯は、米ソのパワーポリティクスに弄ばれてはならない。守護者として、その純潔を守らなければならなかった。

非核地帯決議(A/RES/3472(XXX)B)は、その概念と核兵器国側の義務を定義するものであった。米ソの思うがままにはさせないぞ、という前のめりした意志がありありと読み取れる文面であった。

しかし、彼にとって真の意義は、内容そのものより、ルールを作るのは国連である、と世界に示すことにある。

その夏の軍縮委員会会議では、こう発言していた。

核兵器は国際法のもとに置かれるべきである。そのために、国連総会が基本的な規範を設定し始めるべ

きである、と。[249]

合衆国の国連代表部は、この会期における一二の重要な投票について、ラテンアメリカ諸国の投票を研究した。

合衆国と一致した投票をした国が全ラテンアメリカの過半数に達したのは三件にすぎなかった。メキシコに至っては、シオニズム決議の採決を延期することを求める手続き投票一件のみであった。[250]

彼がまた「反米的」な動きをしているぞ、と映ったことであろう。

# 第一二章　外務大臣

# 第一二章　外務大臣

## 入閣

国連総会の日程が終わって、クリスマス休暇に入ろうとしたころであった。

大統領から、緊急の用事があるから明日、メキシコシティに来い、と電報があった。翌日というのはいくら何でも無理であったので延期してもらった。

一九七五年一二月二九日、外務大臣への就任をガルシアロブレスは承諾した。[251]

ラバサ外相の辞任は突然であったため、様々な憶測がなされた。

表向きの理由は、翌年七月の上院選挙に出馬するというものであった。[252] 次官にガルシアロブレスが昇任する前、テジョバウラウドが辞任したのと、奇しくも同じ構図である。

しかし、メディアが飛びついたのは、国連総会のシオニズム決議(A/RES/3379(XXX))に賛成した責任をとった、というストーリーであった。

シオニズムを「人種主義と人種差別の一形態」と決めつけた決議に憤ったユダヤ人団体が、メキシコへの観光をボイコットした。三万件の客室がキャンセルされたといわれる。

その後、ラバサはイスラエルを訪問した。これが本国では、彼が許しを乞うた、と誤報されてしまった。[253]

この説明は辻褄が合わない。

エチェベリアアルバレス自身、謝罪するなら死んだほうがまし、と決議を支持していた。国連大使のガ

ルシアロブレスに至っては現場の責任者である。[254]

合衆国の駐墨大使ジョセフ・J・ジョバが得た情報は、ラバサが進んで賛成投票を主導したわけでないことを窺がわせる。ある国際会議で同種の決議に反対を進言しており、何より母がユダヤ人であるという。[255]彼の観測では、大統領が衝動的に与える無理難題に、ラバサはストレスを感じていた。これに耐えることができるのがガルシアロブレスであった、ということであった。[256]

## 人物情報

すぐに合衆国の関心は辞任の理由から、新外相の人物情報に移っていった。

ガルシアロブレスの学識、雄弁、冷静、ナショナリズムと、海洋法会議やトラテロルコ条約で苦杯を舐めさせられた記録はファイルされていた。[257]

米州担当の国務次官補は、すごい朗報ではない、と皮肉たっぷりに報告した。有能で知的であることは認める。しかし、頑固、マキアベリアン、反米、まったく苛立たしい、ともいえ、丁重で都会的な外見とは裏腹に、性格は非柔軟的である、とのことであった。[258]

ジョバも同趣旨であるものの、言い方は穏やかであった。

正確、ドライ、そして紳士的であるが、洗練された外見の下には「物事を実現する鉄の意志とスチームローラーの決意」がある。

部下には大変、尊敬され、エチェベリアアルバレスさえ国士とみている。

合衆国との関係は、彼の知識、技能、経験、そして集める尊敬によって、長期的にはうまく運びやすいかもしれない。[259]

ダニエル・P・モイニハン国連大使は、狡猾な策士として描いた。

問題自体の知識がない時でも、国連の仕組みをよく知るために戦術的優位に立ってしまう。相手の誤解が自らに有利に働く時にはそれを正さない。

普段はよそよそしくて無口であるが、これぞ、という時には丁重に前面に出る。

核不拡散条約の議定書を提案した時のように、常人のはるか先に行ってしまい、味方でさえついてこられない。

そして、交渉者としてこれほど尊敬する人には会ったことがない、と結論した。[260]

ガルシアロブレスにとってみれば、実力も名声も老成しての外相登板であった。ラバサより一四歳も年長であったので、引け目を感じることはなかっただろう。

受諾に際しての声明は、メキシコの対外政策に変化はなく、「国の主権と独立の原則を指導するのはエチェベリアアルバレスである」と卒がなかった。[261]

手中にした人事権を最初に行使したのは、特別国際問題研究担当次官の新設と腹心カスタニェダの任命である。

ジョバはこの人事について理由を考えてみた。

一つは国際機構・国際会議の誘致とそれらの重要ポスト、例えば国連事務総長の獲得。次に、自己に忠

実なチームを作るため、というもの。第三には、大統領とともに終了する自己の後釜に彼を据えるため、という理由。最後に、退任後も機構改革を続行させること、であった。[262]

観測は半分、当たっていた。すごろくでいえば「上がり」である外相職の次は、引退か名誉職があるだけであろう。余生がどうなるかは、省内にどれだけ影響力を残せるかにかかっている。

カスタニェダは次官在任中、三回目の海洋法会議で活躍し、名声を博した。この点についてジョバは予想していなかった。彼は海洋法の大家であったのである。

しかし一九七九年に外相になったことは図星であった。

### 実行は剛毅に

三三八日間のガルシアロブレス外交は、急進的で攻撃的であった。

左翼政権が続いたメキシコは、左翼のキューバ・カストロ政権と親しく、右翼のスペイン・フランコ政権と敵対した。

スペインとは、彼が国連代表であった時に、一悶着起こしている。フランコの人権侵害を非難し、加盟国としての権利停止を勧告するよう安保理に要求したのである。

反撃も痛烈であった。トラテロルコ広場でデモ学生を弾圧した「悲しみの夜」、レクンベリ刑務所での虐待に対する告訴、さらに大統領がＣＩＡ協力者であることを指弾した。

安保理は訴えを却下した。[263]

ガルシアロブレスは就任早々、アンゴラの左翼ゲリラ（ＭＰＬＡ）を接見した。話を聞いただけ、と記者会見でコメントしたものの、キューバ軍のアンゴラ派兵には理解を示し、反米色は否めなかった。[264]

その日の記者会見では、レバノンの指導者たちにエチェベリアアルバレスが送った書簡を公開した。イスラエルが占領した地をパレスチナ人に返すまで紛争は解決しない、と論じていた。[265]

二月末から三月初めには、当のイスラエル外相が訪墨した。ジョバの表現では、「合意しないことに合意」した会談になった。シオニズム決議、パレスチナ紛争、ＰＬＯ（パレスチナ解放機構）はテロリストか、といった争点での主張は平行線を辿った。[266]

イスラエルには、七月のエンテベ空港事件にも噛みつく。パレスチナ人にハイジャックされた旅客機を、イスラエル軍が襲撃した事件である。

彼は国連憲章違反として非難する書簡を安保理に出した。「合意しないことに合意」する間合いを残すつもりであったか、イスラエルを名指ししなかった。再度のボイコットは仕掛けられないであろう、と彼自身が見通しを語っている。[267]

六月のＯＡＳ総会に対するボイコットもエチェベリアアルバレス色が濃厚であった。サンチアゴで開かれた総会のホストは、ＣＩＡに支援されてクーデターを起こし、友人のアジェンデを死に追いやったアウグスト・ピノチェトウガルテ将軍であった。

欠席の理由を彼は記者会見で説明した。

出席すると、民主主義の死とサルバドル・アジェンデの墓の上に建てられた軍事政権に正統性を与えると解釈される、と。

他の加盟国も追随してくれると期待したものの、当ては外れた。

確かに、軍事政権の人権侵害は深刻であった。恣意的な投獄・訴追・拷問を、ＯＡＳの米州人権委員会が告発していた。

この委員会を支援するため、合衆国上院は拠出金を増やすことにした。ジョバは彼に、メキシコはどうするのか、と尋ねた。

合衆国は資金だけでなく機能の強化を支持しないのか、と彼は問い返した。[268]

若いころに抱いた人権に対する彼の情熱が後半生どうなったのか、よく分からない。

## 非同盟

五月、対外政策の成果を外務省で一〇時間にわたって報告した。

エチェベリアアルバレスは、自らへの賛辞が散りばめられた話を、満足しながら終いまで聴いた。ジョバによると、追従にも聞こえる賛辞は、メキシコでは大統領に対する一般的な敬意であるという。

エチェベリアアルバレス外交の三基本要素は、一に外交関係の多様化、二に新国際経済秩序、三に第三世界としてのアイデンティティ、とまとめられた。[269]

はた目には、大統領と外務大臣は魚と水のように好相性であった。主人の理想を実現するため、彼は精

力的に行動した。

八月中旬には、スリランカのコロンボに飛んだ。非同盟首脳会議のオブザーバー代表団を率いるためである。

非同盟運動（ＮＡＭ）は、単に東・西いずれの同盟にも属さないことでなく、ひと塊のグループを成す。米ソとの三角関係は、著しく反米的な二等辺三角形であった。

ユーゴスラビアのヨシップ・ブロズ・チトー大統領が三月、メキシコを訪問した際、参加を求めたのに応えたものである。その時、エチェベリアアルバレスは「非同盟の中でさえ非同盟」と巻き込まれないよう警戒していた。

ところが今や、大統領の政策は非同盟のそれと大差なかった。

ジョバの見立てでは、オブザーバー参加は来るべき国連事務総長選挙への布石であった。代表団中にいたゴンサレスガルベス国連局長が、政治工作することになっていたのであろう。[270]

九月には、国連総会を目前に、七七か国グループをメキシコシティに招いた。

この準備で、途上国の間でのイデオロギー対立が明るみに出た。ユーゴスラビアが非同盟首脳会議の結果を承認するよう求めたものの、パキスタンが反対したのである。[271]

開会式の演説にガルシアロブレスが立った。

常設事務局の設置を情熱的に訴えたが、反応は冷淡であった。アルゼンチン代表は、人問題がある、と明かす始末であった。[272]

同床異夢の七七か国グループであったが、国連の多数を制していた。

## 執念

カルボ・ドクトリンをめぐるチャプルテペックでの初志を実現するまたとないチャンスが到来した。国連憲章の改正がニューヨークで俎上に上がったのである。

メキシコは会合を誘致しようとした。

ところが、提案を判断する能力があるのは常駐代表団であるので、ニューヨークで開いたほうがよい、との論拠で合衆国が反対し、沙汰止みとなった。

ゴンサレスガルベスは、総会と第三世界の地位を向上させる案を提出した。[273]

その中に、国家の経済的権利義務憲章を国連憲章の第九章に組み込む提案が盛り込まれていた。実現すれば、その第二条二（a）の、「いかなる国家も外国投資に対して特恵的待遇を与えることを強制されないものとする」も、国連憲章の正式な条文になる。

提案がガルシアロブレスの関心を反映しているであろうことは、合衆国もお見通しであった。[274]

憲章再検討委員会は何の勧告も与えず閉幕した。彼にとっては、国連憲章に外交的保護の廃止を挿し込む最後の機会になった。

一〇月、国連総会において一般討論演説に立った。

新海洋法、軍縮、新国際経済秩序の三点を死活的に重要な問題として挙げた。[275]

軍縮を含めたのは本人の嗜好であろう。外相であっても、夏にはジュネーブに出かけ、軍縮委員会会議で発言していた。

この年後半の関心は、環境改変兵器禁止条約への反対であった。

「広範な、長期的な又は深刻な効果」（第一条）を禁じても、それでは狭すぎる、と騒ぎ立てた。彼の考えでは、人工地震や人工暴風雨を起こして損害を与える「モンスター的行動」さえ正当化してしまう。[276]

これに関する総会決議では、緊密に協力し合う米ソの支持する案が可決された(A/RES/31/72)。

この条約は今日、地震兵器や気象兵器といったオカルトとの関連でしか言及されないマイナーな合意である。一九七〇年代に彼が敵視したのは、サラミのような薄い成果しか生まない超大国の結託であった。

今こそ、核実験と化学兵器の禁止へと踏み出すべきであった。

## 囚人交換

北の巨人、アメリカ合衆国との関係が、メキシコ外交においては極めて重要である。

国境を行き来する膨大なヒト・モノ・カネは、普通の人々にとって、より現実的な利害である。

例えば二〇〇カイリの排他的経済水域は、国連で海洋法条約が起草されていた一方で、メキシコ湾と太平洋をめぐる二国間問題でもあった。

メキシコは、すでに憲法を改正し、実施は既定路線になっていた。

問題には、国際的な側面があった。

ババカリフォルニア半島と北米大陸に挟まれた細長いカリフォルニア湾が注目された。幅が二〇〇カイリより狭かったため、外国人の経済活動が完全に締め出される。マグロの好漁場であったことが、懸念の根っこにあった。[277]

二六年前、自ら領海三カイリを粉砕して行き着いた先に、彼は向かい合っていた。ワシントンDCの連邦議会でも、二〇〇カイリは審議中であった。両国は紛争回避に努め、一一月に漁業協定に署名した。

対米関係への最大の貢献は、囚人交換であった。互いの国で逮捕された自国民の処遇である。メキシコで逮捕される合衆国市民は、ほとんど麻薬取引の容疑であった。

一月のジョバ大使との会談では、領事官・弁護士との連絡、刑務所での待遇、尋問中の電気ショックなどが取り上げられた。

翌月には、キッシンジャーから正式に待遇改善を求める書簡が届けられた。[278]

それに対する返信は、鮮やかなトリックと言うほかない。

外国人といえども、メキシコでは憲法で与えられた人権を保障されている。――しかし、不測の事態は起こりうる。

一定カテゴリーの囚人を交換する手続きについて合意できるかもしれない。その場合、囚人は自国で刑期を務めることを選べることになる、と。[279]

OAS総会からの帰途、キッシンジャーはメキシコシティに立ち寄った。

夜、ガルシアロブレスとジョバに迎えられて空港に到着し、両外相は二時間半にわたって語り合った。翌日、彼はメキシコの提案を、巧妙な解決、と呼んで進展に期待した。[280]

国務長官に同行した法律家は、法律上・憲法上の手強い問題がある、と直ちにコメントした。例えば、罪が犯された国から囚人が出てもその罪ゆえに拘束できるのか、といった問題である。[281]

国連総会が開かれている一〇月にも、ニューヨークの高級ホテル、ウォルドーフ・アストリアで二人は会談した。

キッシンジャーは、囚人交換という革新的アイデアの前進を喜んだ。[282] すでに法律問題も解決していたろう。それは、虐待の苦情に応える、という人々に分かりやすい目的を持っていた。ハンガーストライキを計画する囚人もいて、対応次第ではメディアで攻撃される恐れがあった。[283] それゆえ両外相は解決に向けて誠実かつ慎重に努力した。

受刑者移送条約は一一月の感謝祭の日に、ガルシアロブレスとジョバによって署名された。政治犯と軍法・移民法の違反者を除く数百人ずつの両国民が移送の対象とされた。

「我々は先駆者である。最初のこの種の条約だ」とジョバは述べた。[284] ガルシアロブレス外交の創造的な成功例と言えよう。

今でも彼の名は、両国の友好関係の象徴である。フルブライト　ガルシアロブレス奨学金は両政府間の教育・文化交流プログラムである。

いうまでもなく、J・ウィリアム・フルブライト上院議員は、この種の奨学金の発案者である。

彼は三月に国際教育協会の特別代表としてメキシコシティを訪れ、エチェベリアアルバレスと会っていた。アポイントメントを求めたリストには、外相の名もあった。[285]

## 大統領の野心

国連事務総長にメキシコ前大統領が立候補した時、反米的な要素は忘れてもらいたかったろう。対照的に合衆国にとっては、反米的な国連事務総長が生まれる危険は見過ごせなかった。二国間での親米的な要素をいくら強調されても、である。

一九七五年の秋に遡る。

エチェベリアアルバレスは国連総会で演説するため、ニューヨークに来ていた。その夜、合衆国のモイニハン大使をウォルドーフ・タワーのスイートルームに招いて、会話した。ラバサ外相とガルシアロブレス大使も同席した。

大統領は長々と、スペインを非難した一件を話した。

外相と大使はほとんど会話に加わらなかった。特に後者は普段から「陰気」であったが、この日は大統領の話に無関心な様子であった。そればかりか、不愉快そうな素振りまで見せた。[286]

自らの任期の成功、民主主義へ賛意、反共の確証についても大統領は語った。

モイニハンはこれを、事務総長選への選挙運動のようである、と受け止めた。[287]明らかであるのは、政権内における大統領の主導性である。

スペイン問題は彼の提起であった。ラバサとガルシアロブレスは言われるがままであった。ホテルに合衆国代表を連れ込んだのは大使の進言ではなかった。

大統領の野心には、以前からジョバが感づいていた。

一九七四年の春には、ノーベル平和賞に彼が値するといった話がメキシコの新聞や雑誌で取り沙汰されている、と報告した。国家の経済的権利義務憲章も、大統領の個人的な野心と結びつけた。[288]

ラバサの辞任は、主人の野心に嫌気して投げ出した、とみれば、すっきり理解できる。カスタニェダの登用にも、ポスト獲得の含みがあろう、と指摘された。

このように、事務総長選という補助線を引くと、多くの疑問が氷解していったのである。

一九七六年の秋になると、野心は世界中に知れ渡っていた。

メキシコシティにおける七七か国グループの会合では、事務局を創設する案は離任後の彼に仕事を与えるのが目的、と怒りの声が聞かれた。[289]

合衆国が国連トップへの野心を容認できないことは、途上国グループのリーダーとして対決的態度をとったからばかりでない。

ただでさえ気丈な性格である上に、儀礼上も最高位である前元首が就任すれば、前例がない強力な事務総長になるのは必定であった。加盟国は、世界連邦の大統領とどう付き合えばよいのか？

立候補に対するガルシアロブレスの本心は不明である。国連中心主義者の彼が、かつてのハマーショルドのような行動的な事務総長を待望したとしても不思議でない。国連憲章を自分の理想に近づける夢にも

プラスとなったろう。

### 事務総長選

政権最後の国連総会シーズンになると、選挙運動はいよいよ熱を帯びた。

メキシコ代表団が、エチェベリアアルバレスを事務総長候補とすると発表した。ラテンアメリカ選出の理事国が支持していた。アフリカやスウェーデンなどにも支持を広げようとした。[290]

他方、再選を目指すワルトハイムは、一一月一五日の昼にモイニハンの後任である合衆国代表と会った。彼はキッシンジャーへの伝言として、エチェベリアアルバレスを候補者にしないようメキシコを説得してほしい、と依頼した。アフリカと合衆国がワルトハイム支持であることも伝えるよう求めた。[291]

早速その夕方、ワシントンDCではキッシンジャーがメキシコの駐米大使と会談した。加盟国間には事務総長の再選にコンセンサスがあるようだ、と話した。個人的には非常に大統領が好きである、と言い添えるのも忘れなかった。[292]

メキシコは、常任理事国の合衆国を味方につけようと必死であった。

憲章によって、事務総長は「安全保障理事会の勧告に基づいて総会が任命する」と定められている（第九七条）。つまり、安保理と総会の双方から支持されることが必須であった。拒否権が発動されれば、目は断たれるのである。

説得の機会は一一月二六日であるように思われた。

この日、帰属が争われたエルチャミサルの地がメキシコに返還されることになっていた。その式典が、国境の川のメキシコ側に位置するヌエバラレド市で催される。

エチェベリアアルバレスはフォード大統領と会うことを望んだものの、用事が入っているという理由で断られていた。[293]

ヌエバラレドからの帰途、機内でジョバとガルシアロブレスが同席した。

外相は話を切り出した。

中国が反対票をワルトハイムに投じれば、状況は変わるかもしれない。実際、第三世界の候補者にチャンスを与えるためにそうする、と確約した、という。

エチェベリアアルバレスには、パナマとガイアナが賛成票を入れると約束した。

隣国の合衆国が拒否権を使うとは考えられない。ワルトハイムに賛成するにしても一回目の投票でそうすれば満足でないか。[294]

フォードが来ていれば、このメッセージはエチェベリアアルバレス自身から伝えられたであろう。

己の持ち札をガルシアロブレスはすべて曝した。本番で中国の拒否が明らかになれば、揺さぶりの心理的効果はより大きなものになったろう。彼はそれを選ばずに、相手の懐に飛び込む行動をとった。

もう一回、機会はあった。新大統領、ホセ・ロペスポルティジョの就任式にキッシンジャーが参列する。ガルシアロブレスに出迎えられて到着し、一二月一日の式に臨む予定であった。

任期満了寸前のエチェベリアアルバレスとガルシアロブレスに面会したことは事実である。[295] 残念なこと

に、会見記録は未公開である。

**議長室**

投票日が近づき、ワシントンDCは代表部への訓令を起草した。

紛れもなく、エチェベリアアルバレスをいかに落選させるかの作戦指南であった。

当選の条件は、常任理事国が反対しないこと、そして、九か国が賛成することである。

落とすには、七か国に反対または棄権させればよい。反対は角が立つので、棄権を揃えて落とせれば最善である。

どの理事国から棄権を持ちかければよいかの順序まで示された。

まずイギリスの同意をとり、次にフランス・イタリア・日本・スウェーデンに働きかける。これで自国を含めて六か国の棄権である。

東側のソ連とルーマニアも、ワルトハイムの味方である。六か国の足並みが揃ったところで、両国に渡りをつけてもよい。

大統領が健闘して賛成の九票を獲得しそうであれば、メキシコからの非難を覚悟で、拒否権を行使するのが確実である。[296]

投票の一二月七日、安保理は午前一〇時半に開かれた。

先に、エチェベリアアルバレス候補に票が投じられ、次いで、ワルトハイム候補が投票にかけられた。

安保理議長のルーマニア代表が結果を発表した。

エチェベリアアルバレスには賛成四、反対四、棄権七であった。秘密投票であるので、どの国が反対したのか、どの国が棄権したのかは分からない。賛成が九票に達していないのは確かであった。

ワルトハイムの得票は賛成一三、反対一、棄権一であった。反対したのが常任理事国であったので、決着はつかなかった。

会議を一五分間中断し、隣の議長室でルーマニア代表が個々の理事国と協議した。全員が、このまま投票を続行することを支持した。

議長は会合を再開した。前回同様の方法で、第二回の投票が行われた。

結果は、メキシコ前大統領が賛成三、反対五、棄権七。現事務総長が賛成一四、反対〇、棄権一であった。中国が拒否権を使うのをやめたのである。

ワルトハイムが再選された。[297]

ガルシアロブレスにとって、選挙運動は茨の道であった。

しかし、主人からの無理難題を断らないのが彼の吏道であった。トラテロルコ条約も、国家の経済的権利義務憲章も、元はというと無理難題であった。それらは自身の理想でもあったし、期待に応える能力を備えてもいた。

何より、成功が出世の道を切り開いた。

大統領への忠誠を貫かなければ、外相の先に前途はなかったかもしれない。ノーベル賞もなかったろう。

難題を与えたエチェベリアアルバレスのほうは、ユネスコ大使などを歴任し、完全には引退しなかった。一九二二年生まれの彼は、九〇歳を超えて存命である。

# 第一三章　デタントと軍縮特別総会

# 第一三章　デタントと軍縮特別総会

## デタント

一九七〇年代は東西間のデタント、つまり緊張緩和の時代であった。前時代を特徴づけた危機のエスカレーションは影を潜め、至る所で協力が試された。

当然、軍縮にも適した環境であった。米ソは戦略核兵器の制限のために、互いの立場を擦り合わせた。生物兵器禁止条約の妥結もこの時代である。

一九六七年の締結から、トラテロルコ条約は十周年を迎えた。アルゼンチンは相変わらず、批准していなかった。ソ連も附属議定書Ⅱに未参加であった。批准していてもウェイバー条項を発動しなかったブラジルなど数か国については、未発効の状態が続いていた。

全面発効への追い風は思わぬほうから吹いてきた。

この年の一月、ジミー・カーターが合衆国大統領に就任していた。そのパレードで車を使わず、自分の足で歩いたことが全米に衝撃を与えた。一般人の代表として、エリートに支配された従来の政治とは違うことをやってくれる、と期待を抱かせた。

実際、外政面ではニクソン、フォードを継いで、軍隊を小さくし、前線から引かせるつもりでいた。

四月にＯＡＳで演説した。署名さえしていなかった附属議定書Ⅰの批准を上院に求めるくだりがあった。ワシントンＤＣは、キューバの参加を批准の条件とするのをやめたのである。むしろ、キューバ・アルゼンチン・フランス・ソ連の参加を期待し、不穏な原子力開発を進めるブラジルにＩＡＥＡの査察を受けさせるほうが得策と判断した。[298]

これはハバナへの熱いメッセージであった。附属議定書Ⅰの対象となるプエルトリコと米領バージン諸島とは、約千キロしか離れていない。有事になれば、戦禍に巻き込まれることを想定しなければならない位置である。

すでに附属議定書Ⅱの批准によって、グアンタナモ基地を非核化する用意があることを明らかにしていた。パナマ運河地帯についても、後日、新運河条約を結んで、返還を約束する。さらに非核化の範囲を広げることは、和解に向けた一歩であった。

ガルシアロブレスは寄託国政府の代表として、演説の五日後に軍縮委員会会議で謝意を表した。[299]早速、演説の翌月にカーターは署名した。批准は、次期政権が発足した一九八一年になってからである。同政権の平和攻勢はこれに終わらなかった。一一月、国務長官がブエノスアイレスに飛んだ。ここでも良い徴候が観察された。

アルゼンチンが批准に同意し、発効に向けて協力することを表明したのである。[300]

ただし、現地の合衆国政府関係者は、ぬか喜びをしなかった。政権内の反対派を説き伏せ、表明に漕ぎ着けたものの、いつ批准するかが明示されていなかったからである。実際、これには一七年間も待たされ

ることになった。[301]

雪解けは、ソ連の態度も緩ませていた。

翌年の五月、メキシコのロペスポルティィジョ大統領が訪ソした。この時、彼とレオニード・ブレジネフ共産党書記長の立会いのもと、グロムイコ外相が附属議定書IIに署名した。

随行していたメキシコの外相は、ソ連の署名は長年の「夢」であった、とコメントした。[302] ガルシアロブレスの夢は、確実に次世代へと継承されていた。

ハバナの日本大使館も、ソ連の署名は「重要な意味を持つ」と注意を喚起した。

なぜなら、核兵器を搭載したソ連の船舶や航空機は、ラテンアメリカでは二、三日間、寄港できるにすぎなくなるからである。[303] トラテロルコ条約は、兵力引き離し条約でもある。

ソ連の批准は翌年一月に済まされた。

さらに、フランスが米ソの轍を踏むかに見えた。一九七九年三月、バレリー・ジスカールデスタン大統領が訪墨した。その時に、外相が附属議定書Iに署名した。

しかし、全面発効への追い風は息切れしていた。批准は一三年後であった。

軍縮特別総会が開かれたのは、まだデタントが全盛であった一九七八年の初夏のことである。

## 最終文書

世界軍縮会議案をめぐる暗闘は、なかなか埒が明かなかった。

外相就任を申しつけられる直前、彼は第一委員会で提案した。

その可能性をもう一年だけアドホック委員会に検討させてみて、不調に終わったならば、特別総会を招集することにしよう、と。[304] この一年の猶予というのは、自らが外相の任にあって、手が離せないのを織り込んでいたかのようである。

彼も出席したコロンボでの非同盟諸国首脳会議は、軍縮特別総会の開催を国連総会に求めた。

そして総会は、一九七八年の五、六月に軍縮特別総会を招集する決議を採択した(A/RES/31/189B)。

彼がここに至る筋書を描いた黒幕の一人であったことは間違いない。それから先のお膳立ても整えていた。

閣僚在任中から、特別総会のスポークスマンになって発言した。[305] 外相の務めを終えると、軍縮委員会会議の常駐代表に任命された。

特別総会準備委員会のメンバーにも首尾よく入り、その第一回会合は一九七七年三月に開かれた。大臣を退いた彼が辣腕を振るうには絶妙のタイミングである。

「軍縮哲学」を編む、という使命感に導かれていた。

後年、次のように語る。

国連憲章は核軍縮について一言も触れていない。サンフランシスコ会議から数週間後にヒロシマに原爆が落とされた。憲章は生まれた時から時代遅れであった、と。[306]

その代わりとなる核軍縮の原則と目的を明らかにしたものが必要である。

毎年、通常会期には、大量の決議が審議される。そうした断片的な決議を反復するのではなく、宣言と行動計画の二本の文書にまとめねばならない、と準備委員会では発言した。[307]

知らず知らずか、彼はソルボンヌの初心に導かれていた。

チャプルテペックでは、国連憲章に人間の国際的権利義務宣言を付属させようとした。

友好関係宣言によって、古くなった憲章を補おうとした。

国家の経済的権利義務憲章も、ゆくゆくはそこに挿し込んでやろうと狙っていた。

今、核軍縮をめぐる憲章の不備を埋め、核兵器廃絶への道筋を定めようとしている。

絶やされず灯された内面の松明のことなど、他の委員たちが知るよしもない。二本立ての形態は、NIEOの宣言と行動計画がそうであったように、奇抜ではなかったからである。

彼は、国家の経済的権利義務憲章に対する反省を活かそうとした。それが欧米先進国の支持を得られず、コンセンサスで採択できなかったことである。

今度は、何としても核大国からの支持を得て、未来の軍縮交渉における出発点としたかった。[308] 断片化は避ける、という方針は準備委員会において承認され、最終文書、という一本の文書にまとめられることになった。

それは、前文、第一節「序文」、第二節「宣言」、第三節「行動計画」、そして第四節「機構」から成る。「機構」というのは、軍縮関係機関の再編のことである。

## スーパーコーディネーター

五月二三日、特別総会が開会した。特別といっても、議事手続きは通常会期と変わるところはない。

翌日から、各国代表による一般討論が始まった。一二三か国がそれを行い、うち二〇か国は首脳自ら登壇した。合衆国の代表団には、国連の熱烈な支持者であった俳優のポール・ニューマンがいた。

開会三日目にガルシアロブレスは一般討論に立った。現外相が来られなくなっての代打であった。触れられた話題のうち、一つだけ紹介すると、軍縮によって余った資金を、UNDP（国連開発計画）の勘定に繰り入れ、途上国に分配する提案があった。[309] 第三世界のリーダーとしてメキシコを印象づけようとしたのであろう。

華やかな本会議は多国間外交における表舞台にすぎない。本音の議論が喧々諤々と交えられるのは楽屋裏の委員会である。

初日に、アドホック委員会の設置が決められていた。すべての加盟国から構成され、全決議案はここから本会議に上程されることになる。

しかし、作文に加盟国が一斉に口出ししては、収拾がつかない。そこで、アドホック委員会は、戦力を二手に分けた。

一方の作業部会Aは「序文」「宣言」「機構」の節を担当し、他方の作業部会Bは「行動計画」を受け持った。作業部会Aは、早々と、起草部会を任命した。「序文」の調整役はガルシアロブレスが引き受けた。[310] コンセンサスによる採択、というハードルは高かった。

言質を取られたくない核大国はもちろん、言質を取りたい非核兵器国も簡単には自らの主張を譲らなかったからである。

せっかく起草した文案も、異論がある箇所は角張った括弧［ ］で囲まれた。それらがすべて除去されない限り、コンセンサスの至上命題は達せられない。

「序文」は比較的に合意がやさしい節であった。四回の公式会合と、調整のための非公式協議を経て、起草部会は圧倒多数の同意によって、括弧が除去された草案を作業部会Aに引き渡した。

しかし、作業部会Bも含めて、他のすべての起草部会は、括弧を消すことができないままであった。

終盤に差しかかった六月二三日、交渉はアドホック委員会に引き渡された。残された多くの括弧を除去しなければ、コンセンサスには到達できない。

そこで、ガルシアロブレスを交渉の総責任者に指名し、他の調整役と一緒になって問題を解決するよう依頼した。[311]

スーパーコーディネーター、の渾名を奉られた真の実力者が正体を現した瞬間であった。[312]

**ペネロペ**

その晩から、翌日の土曜日、翌々日の日曜日と日夜を問わず働いた。しかし、括弧はなくならなかった。

週明けの月曜日、今後の予定がアドホック委員会で議論された。

火曜日の午後に会合を開いて最終案を通したい、必要ならば、水曜日の朝にも開かなければならないか

もしれない、と委員長は述べた。当初の予定では、二八日水曜日の会期末に本会議で最終文書を採択することになっていた。

疑問の声が議場から投げかけられた。

最も厳しいものは、明日の会合でも苦境のままではなかろうか、というものであった。

またソ連などからは、案に対する本国からの承認を仰ぐのに最低で二四時間が必要であるとの意見があった。

委員長は、会合が水曜日に延長される場合は特別総会の閉会を木曜日に延期する、と答えた。

ガルシアロブレスはこれを機に反撃した。昨日、新たな括弧が安易に加えられたが、このようなことはしないと紳士協定をしてほしい。まるで、機織りをするペネロペが織物を途中でほどいては織り直すギリシャ神話のようではないか、と。[313]

火曜日の朝九時から水曜日の午前三時まで折衝が続いた。案の定、火曜日の午後には間に合わなかったのである。

閉会を延期し、翌木曜日の朝に開くことが委員長から告げられた。

月曜日に不満を漏らした代表は、不完全な文書は世界の状況を反映したものであるから、すでに達成したもの以上のものはこれからも達成できない、と諦めることを諭した。[314]

しかし、それは真理でなかったと思われる。

妥協に妥協を重ねれば、合意に至ること自体は可能である。問題は、妥協したくない、または妥協でき

ないことまで妥協するか否かである。

非核兵器国が言質を取ろうとし、核大国が言質を与えようとしない限り、括弧は残る。最後の瞬間を迎え、採択自体を最優先目標とする、というのならば、涙を飲んででも妥協しなければならない。

例えば、核実験の停止がそうであったろう。

パラグラフ五一は、それを奨める非核兵器国側の意見を紹介する一方、核大国側の異論にも触れる。後者から停止の言質は取れなかったものの、コンセンサスのためには甘受しなければならない妥協であった。トラテロルコ条約でも、国家の経済的権利義務憲章でも、彼はこの手の妥協を拒まなかった。軍縮特別総会においても、「すべて潮時というものがある」という『ジュリアス・シーザー』の台詞を思い出したかもしれない。

後がない木曜日、相次ぐ延期によって、開かれたのは午後一〇時四〇分であった。

もはや括弧は残されていなかった。

大団円と思いきや、ソ連の代表が、配布された決議案に異議を申し立てた。調整役たちとの合意事項が、そこに反映されていないというのである。

手直しを終えて、アドホック委員会が閉会したのは日付が変わった三〇日金曜日の午前三時すぎであった。今度こそ本当に最終文書は完成した。

その日の午後六時二五分、本会議が始まり、最終文書は採択された(A/RES/S-10/2)。

閉会時刻は、日付が改まって七月一日午前二時半であった。代表たちにとっては、眠気に悩まされた忖

別総会であったろう。[315]

## 仕切り直し

ガルシアロブレスに対して多数の賛辞が送られたことはいうまでもない。アドホック委員会の委員長によるものは独特であった。国連の外の一般人にとって「序文」の文章が興味深く読みやすい点を評価した。[316]

一般人に向けた啓発という、その後、彼が活躍していく方向を暗示していた。閉会の本会議でガルシアロブレスが語った成果は、ジュネーブ軍縮委員会（ＣＤ）の結成であった。前身の軍縮委員会会議に距離を置いたフランスと中国が参加することになる。また、米ソ共同議長制を排し、輪番によって各国が平等に議長を務めることは、会合の公開とともに、彼が八年前から求めていたことであった。[317]

せっかくの最終文書であったが、彼には完璧なものではなかった。

幸運にも、次の機会はその中に用意されていた。第二回軍縮特別総会の日程を、秋に始まる通常会期で定めることになっていたのである。

それは一九八二年に開かれることが決定された(A/RES/33/33/71H)。

# 第一四章　限定核戦争の恐怖

# 第一四章　限定核戦争の恐怖

## 新冷戦

一九七〇年代末、世界情勢はデタントから新たな緊張へと急速に転換した。

ＳＡＬＴは米ソ超大国が直接、撃ち合う戦略兵器を制限した反面、ヨーロッパ戦域における中距離核戦力を充実させるきっかけになった。

ソ連が新兵器を配備したことは、西ヨーロッパに恐怖を呼んだ。

バックファイア爆撃機はヨーロッパの全陸地を飛行範囲に収め、ＳＳ二〇中距離ミサイルもピレネー山脈以北を短時間で攻撃できた。戦争になれば、大量の殺戮と破壊が生じることは不可避であった。

奇妙であったのは、軍拡に対して軍拡で応えても、相手の攻撃を抑止する見込みは何ら改善しなかったことである。

例えば、ソ連が西ヨーロッパだけを攻撃し、合衆国の本土を無視したらどうであろう。

合衆国は前線に配備された戦域核のみによって反撃するかもしれない。

その場合、ソ連は阿吽の呼吸で大西洋の向こう側への報復を控え、西ヨーロッパ攻撃に専念しないであろうか？

仮に、ソ連が合衆国によるこうした切り捨て――デカプリングと呼ばれた――を予想していて攻撃したら、ヨーロッパを舞台とした局地戦をすることで米ソが結託したも同じでないか？

これがいわゆる限定核戦争の可能性であった。

ただし、デカプリングを見込んで始まった戦争が、本当に総力戦につながらないかというと、それも眉唾であった。つまり、核をめぐる虚々実々の状況に皆が疑心暗鬼に陥ったのである。

西ドイツのヘルムート・シュミット首相やスウェーデンのアルバ・ミュルダルが警鐘を鳴らした。具体的な対策を提案した者もいた。スウェーデンのオロフ・パルメ元首相は、北ヨーロッパと中央ヨーロッパを非核地帯とする構想を発表した。[318]

NATOの側も手をこまねいていなかった。

一九七九年の暮に、二重決定と称される方策を講じた。ソ連による戦域核の軍拡には、パーシングⅡ中距離弾道ミサイルとトマホーク巡航ミサイルの増強で応じる。同時に、中距離核を制限する交渉をソ連に提案する。

この措置によっては、限定核戦争の危険をもたらしたデカプリングの恐怖は当分、解消されるどころか強化される。

なぜなら、鉄のカーテンの両側に置かれた戦域核が、安全保障において、ますます中心的な役割を担うことになるからである。

## 軍縮のバイブル

声を上げたのは、米ソの軍事ゲームに生死を左右されようとしていた市民たちであった。特にイギリス

と西ドイツでは、戦域核の配備に対する反対が高まった。

合衆国でも、反核の市民運動が噴き出した。一九七九年三月にスリーマイル島の発電所が炉心溶融を起こし、原子力発電への信頼が損なわれた結果であった。放射能による人体と環境への影響に対する意識が目覚めた。

ＮＡＴＯの軍事機構から脱けたフランスでも、反原発運動が勢いを増した。平和運動と反原発運動は合流して、反核のうねりとなった。世界各地で集会が開かれ、数々の宣言が発せられた。

ところが合衆国大統領に当選したのは、タカ派のロナルド・レーガンである。あまりに正直に「大国のいずれもボタンを押さないで、現場の部隊に戦術兵器の応酬をすることはありうる」と一九八一年一〇月の記者会見で発言した。

米ソ首脳が戦略核のボタンを押すことなしに、前線の情勢に応じて敵部隊に戦術核が使われうる、というのである。限定核戦争はありうる、といった表現で世界中に流布された[319]。

基地周辺の住民は色めき立った。基地への先制攻撃が現実味を増したからである。体が熱線で蒸発し、爆風で切り裂かれ、火炎に焼かれ、放射線障害に冒される、と想像した者もいたであろう。

そうした事態を避けるには、核兵器を基地から撤去させれば可能であった。すでに、イギリスのマンチェスター市は、非核地帯を一九八〇年一〇月に決議していた。市内においては、

核兵器の製造と配置を慎むようイギリス政府に求めた。そして近隣自治体、イギリス全土、さらにヨーロッパ中へと非核地帯が広がる願望を表明した。[320]ロンドン市を始め、多くの都市がマンチェスターに倣った。大陸の諸都市にも、非核地帯決議は伝播した。日本では、早くも一九五八年に半田市が核非武装宣言を発していたが、非核宣言自治体数は一九八二年以降、爆発的な上昇を見せた。[321]

非核地帯は平和運動の合言葉になった。

思えばラテンアメリカとカリブの非核地帯も、核大国の思惑に左右されたくないという下からの願いの産物であった。似通った境遇が、普段は接点がない外交官や一般住民が手をつなぐ素地を作り出した。

反核運動の最高潮は、一九八二年六月一二日のデモであった。ニューヨークで百万人を集めた集会は第二回軍縮特別総会に核軍縮を訴えた。第一回軍縮特別総会の最終文書は、「軍縮のバイブル」として人々に広く浸透していた。

二回目の軍縮特別総会においても、匹敵する成果を上げることと期待された。

## 包括的軍縮計画

最終文書は、ガルシアロブレスにとって中継点でしかなかった。

究極の目標は、国際管理のもとでの全面完全軍縮であった。噛み砕いて言うと、国連の枠組みにおいて、世界の軍備を完全に管理しよう、という壮大な企てである。

これを実践に移すための文書は、包括的軍縮計画と呼ばれた。彼によると、最終文書とは似ているものの、様々な要素の間に、より大きな一体性と相関が必要である。[322]その後実際に作られていった文書は、確かに最終文書よりも手が込んでいた。

短・中・長期の工程表を伴い、その最終段階では、全兵器が廃絶される。包括的、と冠せられるだけあって、核軍備・核実験・核不拡散・非核地帯はもちろん、生物・化学兵器と通常兵器や軍事支出と開発の関係なども含まれた。

狙いは、最適かつバランスが取れた軍縮にある。例えば、非核兵器国が核武装を諦める代わりに、核兵器国が軍備削減と核実験禁止を約束すれば、双方が納得できる。

これらを切り離した断片的な条約を交渉しようとすると、ギブ・アンド・テイクの関係が成り立ちにくい。結果として、核兵器国は既得権に安住し、非核兵器国は不公平感を募らせる。

前回の軍縮特別総会において最終文書に専念したように、第二回のそれに際しては、包括的軍縮計画に集中するべきである。そう彼は主張した。

前回の功労者の提案を、準備委員会は受け入れた。[323]

彼は片方の手で準備委員会を操りながら、他方の手ではジュネーブ軍縮委員会を動かしていた。そのもとに作られた包括的軍縮計画に関するアドホック作業部会でも、部会長を引き受けた。

すべてが順調であったわけではない。

根本的な点において、西側代表が他のグループと対立していたのである。特に西ドイツ代表は、包括的軍縮計画が法的拘束力をもつことや、時間枠を設けることに反対であった。[324]

一九八二年四月、軍縮委員会はアドホック作業部会の報告書を採択した。野心的なものであったために、七〇パーセントは括弧に囲われていた。[325]

それは特別総会を目前に控えた準備委員会においても審議された。東・西・それ以外、の三つ巴の対立は消える気配を見せなかった。

NATOの二重決定のもと、軍拡へと舵を切っていた西側陣営は、軍縮への流れを一方的に作られることに警戒感を露わにした。

そうした態度の象徴が、NGOに対するビザ発給の拒否であった。合衆国政府は、平和運動家をソ連の手先と決めつけていた。

拒否された人数は三一八人に上り、うち日本人が二六八人であった。特に、原水爆禁止日本協議会が派遣する予定であった代表たちが生贄になった。[326]

## 第二回軍縮特別総会

様々な立場がそれぞれ気勢を上げる中、特別総会は六月七日に開会した。

劈頭の一般討論から衝撃的な内容であった。レーガン大統領が、軍事力増強・侵略・暴力支援・抑圧・平和運動の操作・国際法違反といった激しい言葉を使って、ソ連を非難したからである。

一般討論と並行して、アドホック委員会は実質的な審議を重ねていた。

正確に四年前の焼き直しであった。

包括的軍縮計画のために、作業部会Iが立ち上げられた。部会長はガルシアロブレスである。さらにそのもとに、AからDまで四つの起草部会が設けられた。

この体制で、括弧を消していく骨の折れる非公式協議が行われた。

一か月たった閉会三日前の七月七日、異変が起きた。アドホック委員会において、ガルシアロブレスが作業部会Iの報告書を事務局員に音読させた。

「計画の様々な側面で重大な意見の相違が残存した」など、対立が解決されなかったことを示す言葉が躍っていた。

事実上の敗北宣言であった。代表たちからは、失望や残念との発言が相次いだ。

特別総会は、四年前の最終文書がなお有効であることを再確認して、破綻を取り繕った。そしてジュネーブ軍縮委員会に、翌年の国連総会に包括的軍縮計画の改訂版を出すよう要請した。[327]

無残な結果であった。

## その後

翌年になって、彼は巻き返しを企てた。

第一回特別総会の最終文書が有効であると確認されたのであるから、括弧に囲まれた未合意の部分はそ

れで置き換えれば文句なかろう、というトリックである。

ジュネーブにおいて、ほとんど括弧がない改訂版を作成し、前年の要請に応える形で国連総会に提出した。[328]

しかし、彼には分かってきた。国連総会で合意に達するのは困難なのではなく、不可能なのである、と。残っていた括弧は数こそ僅かであったものの、戦略核とヨーロッパ戦域核の削減交渉や、核兵器の不使用といった本当に至難の懸案についてであった。[329]

これ以降、包括的軍縮計画の策定に、進捗はほとんど起こらなかった。

二年後にはゴルバチョフが現れ、彼のスピードはたちまちジュネーブの外交官たちを追い越してしまう。そしてガルシアロブレスが去った後には、アドホック作業部会そのものがたたまれ、再開されることは、ついになかったのである。[330]

幸いであったのは、最終文書が自らの手によって成ったことであった。

従来、採択された数百の軍縮決議は、国連憲章のあまりにも一般的な規定を補完・拡大する役割を果たした。最終文書は、一時的にそれらを再統合したのである。

一九八五年の国連創設四〇周年に際し、核軍縮で重要な二本の歴史的決議の一本として、我が子のようなその文書を彼は挙げることができた。[331]

## パルメ

人生の遅い転機が彼の身に訪れていた。

パルメ委員会への参加である。正式には、軍縮と安全保障問題に関する独立委員会といった。スウェーデンの元首相であり、現職の社会民主労働党党首であった委員長オロフ・パルメの名をとった。

メキシコとスウェーデンは、東西いずれの同盟にも属さない二一か国グループの仲間として軍縮委員会で共闘してきた。その元首相が委員長であったから、政策上の食い違いは小さかった。

従来の活動と違ったのは、個人参加であった点である。

四〇年間、国家の立場で語り、上司に忠実であった官僚が、古稀を目前にして個人の資格で行動することになった。

一九八〇年九月に始動したパルメ委員会は、おおむね一～三か月おきに開かれた。一行はウィーン・ジュネーブ・モスクワ・メキシコシティ・パリ・東京・ボンを巡り、首脳級の人物と会見した。

日本においては第八回会合が催された。

東京で、パルメは鈴木善幸総理大臣ほか要人と会談した。

その後、ヒロシマの平和記念資料館では、原爆の灼熱によって蒸発した人間の影に驚かされた。

ガルシアロブレスは、核大国の首脳はヒロシマを訪れることを義務とすべきである、と提案した。

パルメも同調した。核戦争での勝利は可能であると言う研究者にも、ここに来て、自分の目で見てもらいたい、と。[332]

完成した報告書『共通の安全保障』は、米ソに与しない立場の軍縮哲学を述べた。
核戦争には勝者はなく、人類の絶滅を意味するという見解は、一九八二年の差し迫った雰囲気を伝えた。[333]緩やかな核軍備削減を主眼とした行動計画は、包括的軍縮計画の中短期措置に当たるものを無遠慮かつ具体的に主張した。

新冷戦の緊張感に疲れた一般人には共感できる内容であったろう。まるで選挙公約のように、やさしい言葉で書かれていた。

特別総会中にも、国連本部とアドホック委員会において一行はブリーフィングをした。[334]

こうした存在感は、その秋の総選挙において、パルメの勝利を後押ししたかもしれない。首相に返り咲いた彼は、核軍縮の闘士であることをやめなかった。

## キャンペーン

ガルシアロブレスの活動範囲は広がっていた。

世界軍縮キャンペーンは、第二回軍縮特別総会の初日に始動した。軍縮についての教育・情報提供・公衆の理解を活発にする、という触れ込みであった。

この準備に、彼は深く関わった。国連の課題とするための二年前の決議はメキシコ代表団により提案されていた(A/RES/35/152I)。

あいにく、ここもすぐに冷戦の戦場になった。

翌年の第一委員会では、鋭い批評を合衆国代表が投げかけた。

西側の「自由な社会」における世論のみに焦点が置かれ、東側の「閉ざされた社会」における世論への効果はゼロであろう、と。

特別総会では、作業部会Ⅲにおいて世界軍縮キャンペーンは扱われた。

その報告書は、西側陣営からの批判に配慮した。

世界の全地域においてバランスを取りながら、事実に基づいて客観的にキャンペーンが遂行されることを強調したのである。

秋の通常会期には、彼は世界軍縮キャンペーンの中心人物として戻ってきた。

翌年には、資金集めの会合で議長を務め、翌々年には、レニングラードで開かれた地域会議で熱弁をふるった。[335] 西側の激しい抵抗によって、イベントの多くは社会主義諸国と第三世界において開かれていた。

世論への訴えを彼は実践し始めた。後日、有名人になると、この種の活動にはますます適任となった。

科学者の軍縮運動であるパグウォッシュ会議でも常連になった。

閉幕した第二回軍縮特別総会の解説をしてほしい、と招かれたのが始まりであった。ワルシャワで開かれたその部会では、旧友のエプスタインも一緒であった。[336]

# エピローグ

# エピローグ

このように彼の人生を振り返ると、ノーベル賞を獲ったのは必然のように感じられる。

私たちは知っている。パリの一留学生が、人類の進化に国際法が対応しなければならないと信じたことを。そして、大国の無責任な行動に歯止めをかけようとしたことを。

その後、このメキシコ人は、不十分な国連憲章を自らの理想に近づけようと奮闘し続けた。チャプルテペック、サンフランシスコ、海洋法、そして国家の経済的権利義務憲章といったものは、その過程における一里塚である。

確かに、ノーベル委員会が挙げた受賞理由は、ジュネーブ軍縮委員会と二回の軍縮特別総会における顕著な役割、そしてトラテロルコ条約であった。しかし、それらは大氷山の露頭した一角にすぎない。[337]「反米的」とも解される事蹟は報道にはほとんど出なかった。[338]受賞には不利な情報でなかったろうか。故意に隠されたわけではあるまい。平和賞の選考委員はノルウェーの政治家たちである。古い履歴が割り込めないほど、「軍縮のバイブル」は平和主義者たちにとって圧倒的になっていた。ノルウェー前首相グロ・ハルレム・ブルントラントもメンバーであるパルメ委員会は、価値観を共有する同志であった。

理想の国連憲章を求めた人生の中で、たまたまトラテロルコ条約と最終文書だけが評価されたにすぎない。

表裏がない一途な生き方に与えられた月桂冠がノーベル賞であった、と言えないであろうか。

## 受賞者

受賞発表のその日から、新しい処世法を模索しなければならなくなった。

彼のカレンダーは、外相を辞して以来、基本的に変わらなかった。

ジュネーブの軍縮委員会は軍縮会議（CD）と改称されたが、年明けとともに始まり、秋口に終わった。

その後、ニューヨークに移動し、年末まで国連総会に参加した。

変わったことといえば、世界各地での講演やイベントが増えたことである。ほとんどはヨーロッパで開かれたものの、遠方で催されたものにも出かけた。

翌年春、朝日新聞社主催のシンポジウムに招かれ来日した。

基調報告の題は「核軍縮の歴史と展望」であった。[339] 現職のメキシコ代表という立場と、最終文書の解説という内容ゆえか、窮屈な感じがする講演であった。

東京の聴衆は、受賞者を見ただけで満足したかもしれない。

一九八四年には国際セミナーのためソウルを、一九八五年にはパグウォッシュ会議のためブラジルを訪れた。

後者では、ニカラグアへの合衆国による軍事介入が議題に上った。彼は自決権と不干渉との関連を扱うペーパーを提出した。[340]

受賞者として基調演説をした行事の中で、原爆投下四〇周年の前日、ヒロシマで開かれた世界平和都市会議は最も大規模でなかったろうか。

その翌日に、記念すべきことがもう一つあった。

可住地域における非核地帯としてはラテンアメリカに次いで、南太平洋が非核化されることになった。ラロトンガ条約が署名開放されたのである。歴史の中で自らの正しさが証明されるのを見届けることができた。

中距離核の恐怖に発した反核運動の熱気は、まだ冷めていなかった。なかでも、核戦争後の気候の変化に伴う「核の冬」に関する研究が、衝撃をもって受け止められていた。

## 六首脳の奉仕者

晩年の彼は、五大陸平和イニシアティブと称する六か国首脳による政策提言に携わった。

六か国というのは、アルゼンチン・ギリシャ・インド・メキシコ・スウェーデン・タンザニアである。西側先進国が催したＧ７サミットの中立・非同盟諸国版と考えれば分かりやすい。

このイニシアティブは、二、三か月ごとに開かれる企画部会によって、入念な準備がされていた。[341] Ｇ７でいうところの「シェルパ」の役割に当たろう。ノーベル賞受賞者が裏方の一員であったとは、何と贅沢であったことか。

彼としては、大統領の奉仕者という最も据わりが良い位置を見つけることができていた。

UN Photo 軍縮会議でのガルシアロブレス（左端）。 07 February 1984 Geneva, Switzerland Photo # 111813 賢者ガルシアロブレス伝

最初の大きなイベントは、一九八四年春の核兵器生産停止を求める共同宣言であった。国連事務総長やローマ教皇を始め、多方面からの反響を呼んだ。[342]

ところがその秋、インドのインディラ・ガンディー首相が暗殺される悲劇が起きた。

翌年の一月、新首相となった彼女の息子ラディブ・カンディーの招きによって、六首脳がデリーに集った。

人類を、死刑執行の定まらぬ瞬間を待つ独房の囚人に喩えた宣言が発せられた。宇宙空間での軍拡と核実験とを止めるよう、核大国に求めた。

当時のメキシコ大統領とガルシアロブレスはデリーで落ち合った。一九八二年の経済危機以降、同国は外交に巨費を投じることができなくなっていた。

ちなみに、ハイパーインフレーションは彼の私生活も直撃していた。メキシコシティの自宅の評価額が高騰し、危うく巨額の不動産税を課されそうになった。[343]

デリーで用を済ますと、すぐにアテネに飛んだ。

そこでは、ジョン・Ｋ・ガルブレイスのような学者や、オルシェグン・オバサンジョのような政治家を集めた交流会が開催されることになっていた。[344] 著名人を呼んだのは、話題とネットワークを広げるためであったろう。

ジュネーブに帰り、軍縮会議でこれらの成果を報告、というより、宣伝するのがガルシアロブレスの役目であった。

二月五日、この年最初の発言者として機会は到来した。相変わらずの丁寧すぎる外交辞令を終えると、核兵器が存在することに対する「正当化される苛立ちと隠し切れない怒り」を表明した。

前年の国連総会決議をおさらいした後、六首脳による宣言を詳細に解説した。それでも足りない、と思ったのか、翌週の発言もこの話題に費やされた。[345]

## 包括的核実験禁止条約

五大陸平和イニシアティブの発端は、「地球規模問題に取組む国際議員連盟」（ＰＧＡ）というＮＧＯの働きかけであった。軍縮を推進するため、各国の国会議員によって立ち上げられたものである。

一九八三年夏、政治指導者たちに協力してほしいと打診した結果、応じたのが六か国の首脳であった。

部分的核実験禁止条約（ＰＴＢＴ）を包括的核実験禁止条約に改正する構想を、このＮＧＯは検討していた。前者の交渉に当たったＷ・アベレル・ハリマンほかケネディ政権の要人たちが、その意図にお墨つきを与え、支援を申し出た。[346]

これら要人にはロスウェル・ギルパトリックも含まれた。

確かに、彼の委員会は、包括的核実験禁止条約を不拡散の目的のために利用しようとした。爆発を伴う実験を経なければ、信頼性のある核兵器は作れない。

一九六五年当時は、核不拡散条約はもちろん、トラテロルコ条約さえ未締結であった。猫の手も借りたい気持ちで、包括的核実験禁止条約に期待したであろう。

しかし一九八〇年代、核不拡散条約はすでに堅固であり、単に大気中の放射能汚染や海洋の生態系破壊を食い止めるためであれば、部分的核実験禁止条約で足りた。核大国の側は、核兵器の技術革新を図るために、地下核実験はなお必要、と信じていたであろう。

一九八五年九月、核不拡散条約の第三回再検討会議が行われ、ガルシアロブレスも参加した。

大多数の締約国は包括的核実験禁止条約を最優先課題として求めた。

合衆国だけは、核兵器の大幅かつ検証可能な保有量削減のほうが優先される、として譲らなかった。[347] しかし、核実験に対する風当たりは非常に強まっていた。

その年の国連総会で、彼をはじめ中立・非同盟諸国の代表は、部分的核実験禁止条約を包括的核実験禁止条約に転換する可能性を協議するよう求めた。

またもや、彼はトリックを考えついた。

部分的核実験禁止条約の第二条には、改正の手続きが定められている。それを活用して、手品のように包括的核実験禁止条約に変えてしまおうというのである。

法的拘束力は持たないものの、決議(A/RES/40/80B)は可決された。反対も二四票に上った。

晩年になっても、彼の闘志は衰えなかった。

一九八八年は部分的核実験禁止条約の署名二五周年であった。ジュネーブとニューヨークで、ドン・キホーテさながらの大胆な切込みを改正実現のためにかけている。[348]

条約改正会議の開催要求は、一九九六年に包括的核実験禁止条約が採択されるための強力な起爆剤となった。[349] この条約を彼の遺産とは呼べないまでも、功労者の一人に数えることは差し支えなかろう。

## ゴルバチョフ

ゴルバチョフは先代の共産党書記長たちと違って、若々しい、清新なソ連の指導者であった。

就任から半年も経っていない一九八五年のヒロシマ原爆記念日に、核実験の停止を一方的に開始した。

打てば期待以上の響きを放った彼は、核軍縮の主役に躍り出た。

五大陸平和イニシアティブ側の意気込みも並々でなかった。米ソと並び立つ第三勢力の代表を自認し、対等に渡り合うスタイルをとった。

これにふさわしい行動形態は、ゴルバチョフとレーガンに宛てた公開書簡であった。

最初のものは、国連創設四〇周年のためニューヨーク入りしたパルメとガンディーが作文に加わった。核兵器削減と核実験停止が要望された。[350]
約二週間後のゴルバチョフからの返事は、誠意に満ち、好意的であった。[351]
さらに二週間後、ジュネーブで六年半ぶりの米ソ首脳会談が開かれた。この時点では、対話が成立したこと自体、新鮮であった。
翌一九八六年の一月、驚くべき声明をゴルバチョフは発した。二〇〇〇年までにすべての核兵器をなくす三段階の計画である。
核実験は、一九八〇年代末から九〇年代前半の第二段階で停止されることになっていた。第三段階までには核兵器ばかりでなく、化学兵器も全廃され、通常兵器は一定水準に凍結される。
つまり、紛れもなくゴルバチョフ版の包括的軍縮計画であった。[352]目指すものは、ガルシアロブレスらとまったく同じ理想であることが明らかになった。

## ストックホルムの赤バラ

そのころ、パルメらと一体となって、多忙に彼は立ち回っていた。

一九八五年には、四月にローマで、七月にアテネで企画部会があった。

ニューヨークでの国連総会を終えて越年した一月、パルメ委員会はニューデリーで軍縮の進捗状況を点検した。

二月には、ジュネーブ軍縮会議の合間を縫い、アルゼンチンでの企画部会に飛んだ。

ブエノスアイレスでの仕事は、改めて、米ソ首脳への共同メッセージを作成することであった。

完成した書簡は、米ソ首脳会談が具体的な軍縮措置に合意できなかったことを指摘し、次の首脳会談まで核実験を停止するよう要求した。停止が履行されているか検証するために、六か国が支援をしよう、と申し出た。[353]

これが米ソの当局に届けられたのは二月二八日のことである。

その夜、一発の銃声がパルメの命を奪った。犯人は今でも謎のままである。

冷戦は米ソが主導して終結する。

一九九一年のソ連崩壊まで五年間、両国は無二のパートナーになる。一方ではレーガンからブッシュに引き継がれ、他方ではゴルバチョフがエリツィンによって押しのけられる。その顛末を一世代後の我々は知っている。

別の未来があった可能性を考えよう。パルメやガルシアロブレスが、米ソの首脳と並んで共同記者会見に臨む姿は想像できないであろうか。

現実の一九九〇年代は、政治でも経済でも西側の一人勝ちになった。

東側諸国がショック療法ではなく軟着陸によって体制移行しても、やはり、ストリートチルドレンや大量自殺が蔓延したであろうか。アメリカや旧ユーゴスラビアにおいて、民族間の殺し合いが起きたであろうか。

パルメの死は、冷戦の終結とその後の世界のあり様を大きく変えたのかもしれない。
三月四日の軍縮会議では、参加者は起立して一分間、黙祷した。ガルシアロブレスも弔辞を陳べた。[354]
三月一五日、ストックホルム市のホールで挙行された葬儀に参列した。至る所に赤バラをデザインした社会民主労働党の党章があしらわれていた。
翌日のパルメ委員会は活動を継続することを決めた。[355]
悲報に接して、ゴルバチョフは哀悼の意を伝えた。翌月以降、合衆国が次に核実験をする時まで、核実験の一方的停止を延長する度量も見せた。核実験の検証を支援する六か国の申し出も受け入れた。[356] 六か国にとっては、百点満点の返事であった。
合衆国側の回答は、核実験を確実に発見する検証技術のことに終始した。[357] 六か国の意に沿うものでなかったことは言うまでもない。
しかし、米ソとの団体交渉が最も成功したのはこの時であったのである。

**ヒロシマ・デー**

形の上では、パルメ委員会も、五大陸平和イニシアティブも、指導者の死に伴う打撃を最小限に食い止めた。

彼も、何かの病症によって筆跡が震え出した以外、衰えの徴候はなかった。

四月に再度、ストックホルムを訪れ、企画部会に参加した。企画部会は六月末から、タンザニアのアルー

シャでも集まった。

　これらの会合で扱われた議題は、メキシコの海辺のリゾートであるイスタパで開く首脳会議についてである。

　会議をショーアップしようとするメキシコの意欲は並々ならぬものであった。テレビ会議で、ゴルバチョフとレーガンと対話するなど派手な演出が提案された。[358]

　ヒロシマの荒木武市長とナガサキの本島等市長を招くガルシアロブレスからの電報が残されている。[359]もちろん、その日にはヒロシマで平和記念式典があるため、市長が日本を離れることはできない。

　結局、ヒロシマ・デーは世界各地で分散開催された。米ソ首脳とのライブ対話もできなかった。

　他方で、核実験の検証について、地道な努力が続けられていた。そのために特別の部会を設けて、支援の具体策が検討された。

　スウェーデンが提案していた方法は、ネバダとセミパラチンスクの米ソ実験場に六か国の専門家を派遣して地震観測をするものであった。核実験の停止を永久化し、包括的核実験禁止条約へとつなげる戦略の支柱であった。

　イスタパ会議は八月六日と七日に開かれ、メキシコ宣言と検証に関する文書が採択された。

　後日、米ソからの返事もあった。チェルノブイリ原子力発電事故が四月に起きたばかりであったので、反核感情は根深かった。

　それから一年間は、大局的には膠着状態であった。

一九八七年一〇月、アイスランドのレイキャビクで二回目の米ソ首脳会議が開かれた。結果的に物別れに終わってしまったことを、五大陸平和イニシアティブは共同声明で指摘した。[360] 翌年の二月末に、ソ連は核実験を再開した。

### 冷戦の終わり

最後の一撃が振り下ろされたのは一九八七年九月であった。米ソがついに、中距離核戦力の全廃に原則合意したのである。正式な条約も一二月に署名された。

完全な非核化ではなかったものの、ヨーロッパから終末戦争の火薬庫が撤去されたわけである。その上で不安に慄いた人々は十年ぶりに安眠を得た。反核感情は、根元から養分を絶たれたと言える。

大成果に世界は歓喜した。六か国もこれには批判できず、称賛のメッセージを発するのが関の山であった。この蔭で、核実験の禁止は、見事に国際社会の課題から外されてしまった。

翌年二月、ニューヨークで企画部会が催された。ストックホルムで前月開かれた会議について評価した。結果は絶望的であった。六か国指導者の会議を、もはやメディアは取り上げなかった。宣言に回答を返した核大国は現れなかった。[361]

歴史的使命を終えたことを、参加者たちがはっきりと自覚した瞬間であったはずである。

それでも、彼は老け込まなかった。ジュネーブで米ソの代表と連絡を取ろう、と熱意を見せている。[362]

一九八九年四月に開かれたパルメ委員会の最終会合まで、恒例の諸会合にこまめに参加し続けた。

平和と自由を愛する「ゴルビー」の人気はヨーロッパで圧倒的であった。一九九〇年にはノーベル平和賞を授与される。彼に軍縮の説教をするなど、釈迦に説法となった。

しかし、こうした事態こそ、ガルシアロブレスが切に願ってきたことでなかったろうか？

## 失われた記憶

一九八九年六月、ジュネーブ軍縮会議の議長が彼に再び巡ってきた。

二回目の着任は前例になかった。輪番は自らが成功に導いた第一回軍縮特別総会の最終文書がもたらしたものである。それから一〇年以上も代表の座にあったわけである。

後から振り返れば、それは引退への花道であったようにみえる。

八月からは病欠した。最後となった包括的軍縮計画アドホック委員会の報告書は、メキシコ代表団の一員によって提出された[363]。

疾風怒濤のゴルバチョフが登場しては、国連が軍縮を主導するという計画は絵に描いた餅でしかなくなっていた。

秋になって、国連総会の季節になった。一一月一六日といえば、ベルリンの壁が崩壊して一週間後のことである。

二六年前にラテンアメリカ非核化決議を通した第一委員会にガルシアロブレスは姿を見せた。

それがお別れ会になった。

合衆国の代表は、一世代の間、自国の軍縮官僚にとって彼は最良の教師であった、と称えた。インドの代表は、音楽と料理の知識を褒め、もう第一委員会では会わないかもしれないが、ジュネーブなどで会うことがあろう、と平静を装った。

ブラジル代表は、威信・知恵・頑固さのオーラ、そしてラテンアメリカの理想に対する献身を挙げた。

他にも何人かが送辞を捧げた後、ガルシアロブレス自身が別れの言葉を陳べた。

**ずっと、メキシコ政府を代表することに大変、誇りをもっていました。その国際法の諸原則に対する不動の支持と対決のない世界に向けた疲れを知らぬ追求は、つねに我々の努力を支えてきました。**[364]

自分はメキシコの大義に奉仕しているだけ、という姿勢は晩年まで貫かれたことが分かる。

その余韻が残っていた二週間後、カメルーン代表の別辞の中に、人間参考図書館、という言葉があった。[365] 生き字引、という意味で用いたのであろう。国際法、議事手続き、過去の発言などに通暁していたことを喩えたと思われる。

二年後の一九九一年九月二日、すでに東西ドイツは統一し、合衆国は湾岸戦争に勝ち、ゴルバチョフの権威は失墜していた。

この日、ガルシアロブレスは冷戦の全史を見届けて永眠した。死因は腎不全とされる。八〇歳であった。[366]

二日後、ジュネーブ軍縮会議において議長以下、各グループの代表者などが弔辞を贈った。

メキシコ代表は、彼の座右の銘を紹介した。[367]

〝suaviter in modo, fortiter in re〟はラテン語で「手法は柔和に、実行は剛毅に」といった意味である。前半は、彼の温和な容貌と口調から納得できる。後半は、弁舌と筆力をもって渡世したことを考えると理解に悩む。

しかし、ノーベル賞に値する実績を残したということこそ、強い手を打っていたことの証である。本書の行間からは、彼が頂門の一針を決めるトリックを見せる稀代の戦略家であったことが読み取れたであろう。

大統領の信任を得て、挙国一致体制を作ることに心を砕いたことも、報われたことであろう。

それから三年後、妻のファナマリアはメキシコ外務省の歴史公文書室に私蔵の書類を寄贈した。これらは国連総会や軍縮機関に関連した文書であり、本省への報告書や添付された公式文書が主であった。編纂の結果、四二二巻に製本された。[368]

他方、パルメ委員会や五大陸平和イニシアティブといった私人として参加した活動の記録は、合衆国のバージニア大学ロースクール図書館に贈られた。

これらこそ、カメルーン代表が語った人間参考図書館の正体であった。彼は事あるごとに文書を調査し、演説や作文に役立てていたのである。

死去から二〇余年を経て、ようやく我々はガルシアロブレスについての失われた記憶を取り戻すことができた。しかし、まだまだ埋もれた部分は残っていそうである。

## 注

1 Erik A. Wold, "Myrdal, Garcia Robles Accepts Nobel Peace Prize," *Syracuse Herald Journal*, December 10, 1982, p. A-10.

2 For example, "Walesa's Wife Piqued by Nobel Loss," *Winnipeg Free Press*, October 15, 1982, p. 5.

3 Alfonso García Robles, "Acceptance," in Tore Frängsmyr and Irwin Abrams, *Peace: 1981-1990* (Singapore: World Scientific, 1997), p. 59.

4 Alfonso García Robles, *Por la paz en la tribuna internacional* (México, D.F.: Cámara de Diputados, 1982), t. I.

5 Alfonso García Robles, et al., *Armas nucleares, desarme y carrera armamentista: Homenaje a Alfonso García Robles* (Ciudad de México: Edición Gernika S.A., 1985), p. 16; and Graciela Arroyo Pichardo, *Alfonso García Robles, Cancilleres de México* (México, D.F.: Secretaría de Relaciones Exteriores, 1997), t. II, p. 31.

6 "Nota Biográfica," Folder 1, Box 1, Papers of Alfonso García Robles (Mss98-7), Special Collections, University of Virginia Law Library at Charlottesville, VA (hereafter Mss98-7, UVLL), p. 4

7 Interview with Alfonso García Robles by Vicente E. Berasategui on March 21, 1984, *United Nations Oral History Project,* print, p. 3; and Archivo Histórico Genaro Estrada, *Catálogo del Archivo Particular del Embajador Alfonso García Robles, 1951-1989* (México, D.F.: Secretaría de Relaciones Exteriores, 1997), p. 1.

8 Arroyo Pichardo, *Alfonso García Robles, Cancilleres de México*, t. II, p. 424.

9 Archivo Histórico Genaro Estrada, *Catálogo del Archivo Particular del Embajador Alfonso García Robles, 1951-1989*, p. 1.

10 L'Association des études internationales, *Premier congrès d'étude internationales, Paris, 30 septembre-7 Octobre 1937* (Paris: Les Editions internationales, 1938), pp. 8-9.

11 Alfonso García Robles, *La Sorbona ayer y hoy, sinopsis histórica de la Universidad de París desde sus orígenes hasta nuestros días* (México, D.F.: Edición de La Universidad Nacional Autónoma, 1943), p. ix.

12 García Robles, et al., *Armas nucleares, desarme y carrera armamentista*, p. 16; and Arroyo Pichardo, *Alfonso García Robles, Cancilleres de México*, t. II, p. 425.

13 Interview with García Robles by Berasategui on March 21, 1984, pp. 4-5; and García Robles, et al., *Armas nucleares, desarme y carrera armamentista*, p. 16.

14 Interview with García Robles by Berasategui on March 21, 1984, p. 5; and García Robles, et al., *Armas nucleares, desarme y carrera armamentista*, pp. 16 and 28.

15 *Ibid.*, p. 16.

16 Archivo Histórico Genaro Estrada, *Catálogo del Archivo Particular del Embajador Alfonso García Robles, 1951-1989*, p. 3.

17 Arroyo Pichardo, *Alfonso García Robles, Cancilleres de Mexico*, t. II, pp. 426-427.

18 The Division of International Security and Organization, "Work in the Field of International Organization in the Department of State Prior to October 1943," October 4, 1943, International Organizations State Department Work in International Organizations Prior to OC 1943, Subject File 1937-1953 (Box 5), Leo Pasvolsy Papers, Library of Congress (hereafter LC).

19 William Draper Lewis to Leo Pasvolsky, November 2, 1942, 1942 (Box 3), Leo Pasvolsky, the Special Assistant to the Secretary of State (Entry A1 558), General Records of the Department of State (Record Group 59), National Archives at College Park, MD (hereafter RG 59, NACP); and Committee of Advisors of the American Law Institute, "Report to the Council of the Institute and Statement of Essential Human Rights," February 7, 1944, Box 5, Entry A1 558, RG 59, NACP.

20 同じころ、ある教育学者に、平和条約の教育条項を起草なさるのであれば拝見しましょう、と誘ったところ、この学者は学術誌で、起草を依頼された、と書いてしまった。彼は抗議の手紙を送り付けた。Leo Pasvolsky to Henry S. Curtis, October 21, 1943, 1943-44 (Box 5), Entry A1 558, RG 59, NACP

21 "Promotion of Observance of Basic Human Rights," tentative draft, August 21, 1943, in "Permanent International Organization: Functions, Powers, Machinery, and Procedure," International Organizations General International Organization Documentation, Book II, 7, Subject File 1937-1953 (Box 3), Leo Pasvolsky Papers, LC, pp. 77, 80-82.

22 "Enclosure," in B. M. Stephens to Leo Pasvolsky, October 14, 1944, SE-OC 1944 Conference File: Dumbarton Oaks Conference Proposals, Conference File 1944-1952 (Box 8), Leo Pasvolsky Papers, LC, p. 20, 22.

23 Commission to Study the Organization of Peace, "International Safeguard of Human Rights," *International Conciliation*, no. 403 (September 1944), pp.552-575.

24 Alfonso García Robles, *México en la postguerra: El Marco mundial y el continental* (México, D.F.: Ediciones Minerva, S.R.L., 1944).

25 Alfonso García Robles, "Los Derechos y deberes internacionales del hombre," in *Memoria de la Tercera conferencia de la Federación interamericana de abogados*, t. III (México, D.F.: Talleres Tipográficos Modelo, 1945), pp. 157-163.

26 Alfonso García Robles, "Problemas de la postguerra: La protección diplomática, la cláusula Calvo y la salvaguardia de los derechos internacionales del hombre," in *Memoria de la Tercera conferencia de la Federación interamericana de abogados*, apéndice al t. III, pp. 23-24.

27 García Robles, et al., *Armas nucleares, desarme y carrera armamentista*, pp. 17-18; and Ministry of Foreign Affairs of Mexico, "Memorandum: Opinion of the Ministry of Foreign Affairs of Mexico on the Dumbarton Oaks Proposals," October 31, 1944, Miscellaneous - Projects and Papers, Exhibits and Appendices, 1945 (Box 8), Records Relating to the Inter-American Conference on Problems of War and Peace, Mexico (Entry A1 696), Records of International Conferences, Commissions, and Expositions (Record Group 43), National Archives at College Park, MD (hereafter RG 43, NACP).

28 Leo Pasvolsky, "Memorandum of Conversation," July 11, 1944, 1944-45 & Miscellaneous (Box 6), Entry A1 558, RG 59, NACP.

29 G. S. Messersmith to Nelson Rockefeller, February 5, 1945, Correspondence between Department and Ambassador Messersmith, Background Files of the United States Delegation 1944-1945 (Box 3), Records Relating to the Inter-American Conference on Problems of War and Peace, Mexico (Entry A1 693), RG 43, NACP.

30 "Memorandum (Political) No. 4, Conversation Between Licenciado Alfonso García Robles, Assistant Director of Political Affairs and of the Diplomatic Service of the Ministry of Foreign Affairs, and Messrs. Bohan and Sanders, February 6, 1945," February 7, 1945, Latin America Working Group – Political, Background Files of the United States Delegation 1944-1945 (Box 2), Entry A1 693, RG 43, NACP.

31 Appendix "Memorandum of Conversation, Mr. Cabot-Sr. Garcia Robles, February 27, 1945" in "Daily Report--March 1, 1945, Developments Concerning Work of Commission II," Inter-American Conference on Problems of War & Peace Reports FE-MR 1945, Conference File 1944-1952 (Box 10), Leo Pasvolsy Papers, LC.

32 "Report on the Inter-American Conference on Problems of War and Peace, Mexico, D.F., Mexico," February 21 - March 8, 1945,

General Records, Conference Records 1945 (Box 5), Records Relating to the Inter-American Conference on War and Peace, Mexico (Entry A1 694), RG 43, NACP.

33 "Draft of Presentation of the Mexican Delegation on Reorganization of the Union of the American Republics," Commission II Subcommittee 2 & 3 - Economic and Social Problems, Commission III, Subcommittee 1. 2 (Box 6), Records Relating to the Inter-American Conference on Problems of War and Peace, Mexico (Entry A1 695), RG 43, NACP.

34 "Draft Resolution on Improvement and Strengthening of the Inter-American System," Commission II Subcommittee 2 & 3 - Economic and Social Problems, Box 6, Entry A1 695, RG 43, NACP.

35 Joseph E. Johnston, "Resolutions in Committee III," March 5, 1945, Commission II Subcommittee 2 & 3 - Economic and Social Problems, Box 6, Entry A1 695, RG 43, NACP.

36 Inter-American Conference on Problems of War and Peace, "Report of the Spokesman of Committee I, Doctor C. Parra-Pérez, Minister of Foreign Relations of Venezuela, Concerning the Organization for the Maintenance of International Peace and Security," March 5, 1945, Miscellaneous - Projects and Papers, Box 8, Entry A1 696, RG 43, NACP, pp. 3-4

37 "Daily Report--February 23, 1945, Developments Concerning Work of Commission II," Commission II Subcommittee I - Problems of International Organization, Box 6, Entry A1 695, RG 43, NACP; and "United States Delegation, Meeting 2 February 22, 10:00 a.m.," February 22, 1945, Commission II Subcommittee I - Problems of International Organization, Box 6, Entry A1 695, RG 43, NACP.

38 "Meeting 4, February 28, 1945, 4.30 p.m.," February 28, 1945, Commission II Subcommittee I - Problems of International Organization, Box 6, Entry A1 695, RG 43, NACP.

39 John M. Cabot, "Memorandum," April 3, 1945, 500 Post-War Peace Conference, Mexico City, 1945 500 Mexico City Feb. 16-March 5 (Box 554), Mexico: U.S. Embassy, Mexico City, General Records 1937-1949 (Entry UD 2894), Foreign Service Posts of the Department of State (Record Group 84), National Archives at College Park, MD (hereafter RG 84, NACP).

40 "Daily Report--March 2, 1945, Developments Concerning Work of Commission II to 3 p.m.," Commission II Subcommittee I - Problems of International Organization, Commission III, Box 6, Entry A1 695, RG 43, NACP.

41 Interview with García Robles by Berasategui on March 21, 1984, p. 14.

42 "Daily Report - March 3, 1945, Developments Concerning Work of Commission II to Noon," Commission II Subcommittee I - Problems of International Organization, Commission III, Box 6, Entry A1 695, RG 43, NACP.

43 "Meeting of Subcommittee of Second Commission, March 3, 5:00 p.m.," Commission II Subcommittee I - Problems of International Organization, Box 6, Entry A1 695, RG 43, NACP; and "Background Report on Work of Commission Two," Commission II Subcommittee I - Problems of International Organization, Box 6, Entry A1 695, RG 43, NACP.

44 Interview with García Robles by Berasategui on March 21, 1984, pp. 11-12, 18.

45 "Text of Remarks of Secretary of State Edward R. Stettinius, Jr., Made at the Third and Final Session of Commission II at Chapultepec Castle, March 5, 1945, 10:00 A.M., M.S.T.," Commission II Subcommittee I Problems of International Organization, Commission III, Box 6, Entry A1 695, RG 43, NACP.

46 John M. Cabot, "Memorandum," April 3, 1945, 500 Post-War Peace Conference Mexico City, Box 554, Entry UD 2894, RG 84, NACP.

47 Messersmith to Stettinius, March 27, 1945, 500 - Post War Peace Conference San Francisco, 1945 500 Moscow - San Francisco (Box 557), Entry UD 2894, RG 84, NACP, p. 1.

48 Department of State, *Foreign Relations of the United States, 1945* (hereafter *FRUS*, with appropriate year), vol. 1 (Washington D.C.: Government Printing Office, 1967), pp. 356-359.

49 Pacific Telephone & Telegraph Co., *The United Nations Conference on International Organization*, 2nd issue (San Francisco: Pacific Telephone & Telegraph Co., 1945), Daily Reports - Special Services, Box 2, Records Relating to the United Nations Organization Conference, 1945 (Entry A1 1608), RG 59, NACP, p. 58.

50 Dorothy B. Robins, *Experiment in Democracy: The Story of U.S. Citizen Organizations in Forging the Charter of the United Nations* (New York: The Parkside Press, 1971), pp. 98, 106-107.

51 *Ibid*., pp. 130-131.

52 Kirsten Sellars, *The Rise and Rise of Human Rights* (Stroud: Sutton, 2002), pp. 1-10.

53 Department of State, *FRUS, 1945*, vol. 1, pp. 219, 223, 343-344, 354.

54 "Policy toward 'Freedom of Information' Resolution at San Francisco Conference, March 24, 1945," Box 6, Entry A1 558, RG 59,

NACP; and Walter Maria Kotschnig, "Suggested Procedure to Implement Policy toward "Freedom of Information," enclosed in Walter Maria Kotschnig to Leo Pasvolsky, April 7, 1945, Box 6, Entry A1 558, RG 59, NACP.

55 Department of State, *FRUS, 1945*, vol. 1, pp. 508, 540, 545, 570, 581, 584.

56 *Ibid.*, p. 552; and "Minutes of the Seventh Meeting, Committee of Five Deputies of the Heads of Delegations, Held at San Francisco, May 15, 1945, 10:40 a.m.," UNCIO Minutes, Committee of Five Deputies of the Heads of Delegations, First 18th Meetings, My 1945, Box 10, Leo Pasvolsky Papers, LC.

57 United Nations Information Organizations, *Documents of the United Nations Conference on International Organization, San Francisco, 1945*, vol. XI (London: United Nations Information Organizations, 1945), pp. 253-254.

58 Stephen C. Schlesinger, *Act of Creation: The Founding of the United Nations: A Story of Superpowers, Secret Agents, Wartime Allies and Enemies, and Their Quest for a Peaceful World* (Boulder: Westview Press, 2003), pp. 193-226.

59 United Nations Information Organizations, *Documents of the United Nations Conference on International Organization, San Francisco, 1945*, vol. XI, p. 474.

60 *Ibid.*, pp. 107-109.

61 Interview with García Robles by Berasategui on March 21, 1984, p. 33.

62 "La Conferencia de San Francisco y Su Obra: Ponencia sobre Problemas Juridico-Politicos Internacionales que Presenta el Lic. Alfonso García Robles al Segundo Congreso Mexicano de Ciencias Sociales," a 10 de Octubre de 1945, México, D.F.

63 Interview with García Robles by Berasategui on March 21, 1984, p. 41.

64 Donald C. Stone, "Appointment of Secretary-General," January 18, 1946, Sect. Officers, Seat Temporary to Secretariat Staff (Gubitchev Case) (Box 15), U.S. Mission to the United Nations International Organization Subject Files 1945-1964 (Entry A1 1030E), RG 84, NACP.

65 Joseph Johnson, "Memorandum of Conversation," March 30, 1946, Sect. Staff 1946-1948, Box 15, Entry A1 1030E, RG 84, NACP.

66 Arroyo Pichardo, *Alfonso García Robles, Cancilleres de México*, t. II, pp. 428-429; and Interview with García Robles by Berasategui on March 21, 1984, pp. 41-42.

67 García Robles, et al., *Armas nucleares, desarme y carrera armamentista*, pp. 18-19.

68 "Memorandum on Nationality Representation on Staff of the Secretariat," December 10, 1946, Administrative records 2004-1954, Administrative Records 1946-1958, Secretary-General Dag Hammarskjold (1953-1961) fonds, S-0847-0002-07, United Nations Archives.

69 "Comments on the Officials of the United Nations Secretariat, Second Part of the First Session of the General Assembly," February 14, 1947, General Assembly Delegations, U.S., Reports, General Assembly Delegations, U.S., Reports to General Assembly, Session 4th, Agenda (Box 10), Entry A1 1030E, RG 84, NACP; H. Clinton Reed, "Memorandum," July 9, 1948, Sect., Seat Temporary to Secretariat Staff (Gubitchev Case) (Box 15), U.S. Mission to the United Nations: International Organization Subject Files, 1946-1964 (Entry A1 1030), RG 84, NACP; and John R. Burton, Jr., "Memorandum of Conversation," October 23, 1947, Sect. Staff 1946-1948, Box 15, Entry A1 1030E, RG 84, NACP, p. 1.

70 Thomas F. Power, Jr., "Memorandum of Conversation," June 13, 1946, Sect. Staff 1946-1948, Box 15, Entry A1 1030E, RG 84, NACP; and Thomas F. Power, Jr., "Memorandum of Conversation," October 12, 1948, Sect. Staff 1946-1948, Box 15, Entry A1 1030E, RG 84, NACP.

71 Thomas F. Power, Jr., "Memorandum of Conversation," June 9, 1949, Sect. Officers, Box 15, Entry A1 1030E, RG 84, NACP.

72 James H. Hyde, "Memorandum of Conversation," July 20, 1950, US/A/2290-2375, US/A/2290-2375 to US/A/2601-2662 (Box 41), US Mission to the UN: Memorandums of Conversations, 1946-1960 (Entry A1 1030G), RG 84, NACP.

73 Interview with Alfonso García Robles by Vicente E. Berasategui on March 26, 1984, *United Nations Oral History Project*, print, pp. 19-20.

74 Robert McClintok, "Memorandum of Conference," May 6, 1947, G.A. Sessions Special, General Assembly, Interim Committee to ICJ, Judges (Box 11), Entry A1 1030E, RG 84, NACP.

75 García Robles, et al., *Armas nucleares, desarme y carrera armamentista*, p. 20.

76 Interview with García Robles by Berasategui on March 21, 1984, p. 48.

77 Arroyo Pichardo, *Alfonso García Robles, Cancilleres de México*, t. II, p. 432; and "Nota Biográfica," Folder 1, Box 1, Mss98-7, UVLL, p. 6.

78 Secretaría General, "SG-29 (Rev.6)," April 25, 1948, CB-201-250, Conference Files, 1948 (Box 17), Records Relating to the Ninth

International Conference of American State, Bogota (A1 718), RG 43, NACP.

79 Commission to Study the Organization of Peace, "The Commission on Human Rights Program and Composition," enclosed in Clark M. Eichelberger to Charles Noyes, October 30, 1945, Human Rights March 1946-March 1948, Box 8, Entry A1 1381, RG 59, NACP; Commission to Study the Organization of Peace, "Memorandum to the United States Delegation from the Committee on Human Rights," Human Rights March 1946-March 1948, Box 8, Entry A1 1381, RG 59, NACP; and Durward V. Sandifer to Eleanor Roosevelt, April 6, 1946, Human Rights March 1946-March 1948, Box 8, Entry A1 1381, RG 59, NACP.

80 Durward V. Sandifer to S. Valter Washington, October 22, 1948, Committee III, Box 6, Bureau of United Nations Affairs: Subject File Relating to Palestine Political Security and Trusteeship Matters, 1946-1951 (Entry A1 1457), RG 59, NACP; and Lloyd A. Free, "Latin-American Delegates in Committee 3 of General Assembly," December 10, 1948, Biographic Intelligence, Box 6, Entry A1 1457, RG 59, NACP.

81 D. W. Wainhouse to David H. Popper, December 16, 1949, enclosed in David H. Popper, "Memorandum," Post-GA Meetings, Box 5, Entry A1 1457, RG 59, NACP, pp. 5-6.

82 P. C. Jessup, "Memorandum of Conversation," August 5, 1948, Elections 3rd Reg. Sec 1st Part, Box 5, Entry A1 1457, RG 59, NACP.

83 James N. Hyde, "Interim Committee--Cuban Paper on Inter-American System," (US/A/AC.18/264), May 4, 1950, US/A/AC.18/211-299, US/A/Agenda 206-275 to US/A/AC.35/1- (Box 46), Entry A1 1030G, RG 84, NACP.

84 Interview with García Robles by Berasategui on March 21, 1984, pp. 45-46.

85 United Nations, General Political Division, General Political Problems and Procedures of Public Settlement Section, "Working Paper No.327 - Methodology of Reference Literature on the Practices of International Organization," February, 27 1953, Working Paper No.327 - Methodology of Reference Literature on the Practices of International Organizations 27 February 1953, Subject Files - Political Affairs Division (DPSCA) 1947-1962, United Nations Department of Political Affairs (1992-present) Fonds, S-0501-0011-0010, United Nations Archives.

86 "Part V - The Voting Procedure of the Security Council," April 25, 1949, Working Paper No.129/Rev.1 - Part V - The Voting Procedure of the Secretary Council 25 April 1949, Subject Files - Political Affairs Division (DPSCA) 1947-1962, United Nations Depart-

ment of Political Affairs (1992-present) fonds, S-0501-0008-0004, United Nations Archives, para. 78.

87 *Repertory of Practice of United Nations Organs*, vol. 2, (New York: United Nations, 1955), pp. 82-83; and *Repertoire of the Practice of the Security Council* (New York: United Nations, 1954), pp. 175-178.

88 *Repertory of Practice of United Nations Organs*, vol. 2, pp.10-11.

89 General Political Division/Department of Security Council Affairs, "Selective Survey of International Political Events," item 1-78, 1949-1954, Reports and surveys - records 1947-1958, United Nations Executive Assistant to the Secretary General, Cordier 1946-1961 fonds, S-0188-0009-01 to S-0188-0011-09, United Nations Archives.

90 Alfonso García Robles, "Desarrollo y codificación de las normas básicas del derecho del mar hasta 1960," in Alfonso García Robles, el al., *México y el régimen del mar* (México, D.F.: Secretaría de Relaciones Exteriores, 1974), pp. 28-29.

91 United States Department of State, *FRUS, 1958-1960*, vol. II (Washington D.C.: Government Printing Office, 1991), pp. 641-642, 672.

92 A/CONF.13/C.1/L.133.

93 *Yearbook of the International Law Commission, 1956*, vol. II, document A/3159, para. 33.

94 United States Department of State, *FRUS, 1958-1960*, vol. II, pp. 650-651.

95 A/CONF.13/C.1/L.79.

96 United States Department of State, *FRUS, 1958-1960*, vol. II, pp. 700-704.

97 *Ibid.*, pp. 693-696.

98 A/CONF.13/C.1/L.77/Rev.2.

99 United States Department of State, *FRUS, 1958-1960*, vol. II, pp. 698-699; and A/CONF.13/39, 53rd meeting, para. 21.

100 Alfonso García Robles, *La Conferencia de Ginebra y la anchura del mar territorial* (México, D.F.: [n.p.], 1959), pp. 108-110, 112-114.

101 Arroyo Pichardo, *Alfonso García Robles, Cancilleres de México*, t. II, p. 433.

102 A/CONF.19/8, 2nd plenary meeting, para. 1-32.

103 "Maritime Powers Defeated in Vote: Decisive Effect is Expected on Talks to Set New Territorial Waters Limit," *Corpus Christi*

*Times*, March 18, 1960, p. 24.

104 United States Department of State, *FRUS, 1958-1960*, vol II, pp. 743-746.

105 *Ibid.*, pp. 778-779.

106 Interview with García Robles by Berasategui on March 21, 1984, p. 70.

107 United States Department of State, *FRUS, 1958-1960*, vol II, pp. 792-793 805-807.

108 Interview with García Robles by Berasategui on March 21, 1984, pp. 70-71.

109 García Robles, et al., *Armas nucleares, desarme y carrera armamentista*, p. 23.

110 小田滋、『国際法の現場から』、ミネルヴァ書房、二〇一三年、一〇六頁。

111 Interview with García Robles by Berasategui on March 21, 1984, p. 70.

112 United States Department of State, *FRUS, 1958-1960,* vol. II, pp. 811-812.

113 *Ibid.*, p. 813; and Archivo Histórico Genaro Estrada, *Catálogo del Archivo Particular del Embajador Alfonso García Robles, 1951-1989*, p. 2.

114 Anexo 16 "Intervención del Representante de México Embajador Lic. Alfonso García Robles," 24 de octubre de 1960, in "Comisión Política Especial: Informe del C. representante de México, 21 de Diciembre de 1960," Décimo quinto periodo de sesiones 1960-1961 (Libro 5), Archivo Particular del Embajador Alfonso García Robles, Archivo Histórico Genaro Estrada, Secretaría de Relaciones Exteriores, México, D.F.

115 Anexo 18 "Intervención del Representante de México Embajador Lic. Alfonso García Robles," 26 de octubre de 1960, in ibid.

116 A/PV.909, October 31, 1960, para. 27-32.

117 "Comisión Política Especial: Informe del C. Representante de México, 21 de diciembre de 1960," Libro 5, Archivo Particular del Embajador Alfonso García Robles, loc. cit., p. 2.

118 García Robles, et al., *Armas nucleares, desarme y carrera armamentista*, p. 24; and Arroyo Pichardo, *Alfonso García Robles, Cancilleres de México*, t. II, p. 437, nota 33.

119 Alfonso García Robles, "Las Relaciones diplomáticas entre México y Brasil," *Foro internacional*, vol. IV (enero-marzo, 1964), núm. 3, pp. 361-362.

120 Alfonso García Robles, "Alocución pronunciada, el 25 de octubre de 1962 por el embajador de México en Brasil, Dr. Alfonso García Robles, con motivo de la imposición de la condecoración de la orden mexicana del Águila Azteca a un grupo de distinguidas personalidades brasileñas que formaron parte de la comitiva del presidente del Brasil, Excmo. Sr. Dr. Joao Goulart, durante la visita oficial que este hizo a México en abril de 1962," October 25, 1962, POL 6 Lopez Mateos, POL2-2 Political Affairs Political Summaries (Consulates) 1969 THRU SOC 11-5 Social Affairs Traffic in Narcotics (Gen.) 7/1969-12/1969 (Box 22), Records Relating to Mexico 1946-1975 (Entry P2), RG 59, NACP.

121 Charles C. Carson to Robert C. Fields, November 21, 1962, POL 6 Lopez Mateos, Box 22, Entry P2, RG 59, NACP.

122 A/PV.1063, November 24, 1961, para. 121.

123 William G. Jones, "Memorandum of Conversation," March 14, 1962, 320 Brazil-US 1962, 1962-1963 320 to 1962-1963 320 (Box 134), Brazil, U.S. Embassy, Rio de Janeiro, Classified General Records, 1941-1963 (Entry UD 2132), RG 84, NACP.

124 Department of State, *FRUS, 1961-1963*, vol. VII (Washington D.C.: Government Printing Office, 1995), p. 593; and John B. Martin to the Department of State, November 12, 1962, 312 U.N. 1962, 1962-1963 030 to 1962-1963 312 (Box 133), Entry UD 2132, RG 84, NACP.

125 David Dean Rusk to the Embassy, Rio de Janeiro, October 29, 1962, 312 U.N. 1962, Box 133, Entry UD 2132, RG 84, NACP.

126 Joao Goulard to John F. Kennedy, December 6, 1962, 320 Brazil-U.S. 1962, Box 134, Entry UD 2132, RG 84, NACP.

127 "Adolfo López Mateos, Candidato al Premio Nobel de la Paz," *Excélsior*, 17 de enero de 1963, p. 14.

128United States Army Attaché, Mexico City, to the Department of the Army, April 29, 1963, POL 6 Lopez Mateos, Box 22, Entry P2, RG 59, NACP.

129 Interview with García Robles by Berasategui on March 21, 1984, p. 75.

130 García Robles, "Las Relaciones diplomáticas entre México y Brasil," pp. 369-373.

131 Interview with García Robles by Berasategui on March 21, 1984, p. 76.

132 García Robles, "Las Relaciones diplomáticas entre México y Brasil," pp. 369-373; and Arroyo Pichardo, *Alfonso García Robles, Cancilleres de México*, t. II, p. 440.

133 Alfonso García Robles, "La desnuclearización de América Latina: Informe del Representante de México," 17 de diciembre de

1963, Décimo octavo periodo de sesiones 1963-1964 (Libro 15), Archivo Particular del Embajador Alfonso García Robles, loc. cit., pp. 1-5.

134 Department of State, *FRUS, 1961-1963*. vol. VII, pp. 888-889.

135 García Robles, "La desnuclearización de América Latina: Informe del Representante de México," 17 de diciembre de 1963, Libro 15, Archivo Particular del Embajador Alfonso García Robles, loc. cit., pp. 5-8.

136 Annex B "Excerpt from Statement by Ambassador Charles C. Stelle, US Representative in Committee I, October 29, 1963," in "Eighteen-Nation Disarmament Committee US Disarmament Measures Paper #20 Nuclear Free Zones," January 27, 1964, DEF 18-9 Demilitarized & Nuclear Free Zones 1962-1964, Pol. Affairs and Relations China Nuclear Test to SP 1B Ban on Bombs U.S. and U.S.S.R. (Box 7), Records Relating to Disarmament and Arms Control, 1961-1966 (Entry A1 5180), RG 59, NACP, p. 1; García Robles, "La desnuclearización de América Latina: Informe del Representante de México," 17 de diciembre de 1963, Libro 15, Archivo Particular del Embajador Alfonso García Robles, loc. cit., pp. 8-13.

137 Alfonso García Robles, *The Denuclearization of Latin America*, translated by Marjorie Urquidi ([New York]: Carnegie Endowment for International Peace, 1967), pp. 3-17

138 外務省国際連合局政治課、「核非武装地帯に関するラ米諸国提案問題」、一九六三年一一月一四日、「ラテン・アメリカ核兵器禁止条約」（SB・一・四・一）、外務省外交史料館。

139 A/PV.1265, November 27, 1963, pp. 6-7.

140 Alfonso García Robles, Anexo 15 "Memorándum," in García Robles, "La desnuclearización de América Latina: Informe del Representante de México," 17 de diciembre de 1963, Libro 15, Archivo Particular del Embajador Alfonso García Robles, loc. cit., p. 5.

141 García Robles, et al., *Armas nucleares, desarme y carrera armamentista*, p. 24; and Arroyo Pichardo, *Alfonso García Robles, Cancilleres de México*, t. II, p. 24.

142 García Robles, et al., *Armas nucleares, desarme y carrera armamentista*, p. 24.

143 Secretaría de Relaciones Exteriores, Dirección General de Prensa y Publicidad, "Boletín de prensa, No. B-1[illegible]8," 27 de agosto de 1964, Décimo noveno periodo de sesiones 1964 (Libro 17A), Archivo Particular del Embajador Alfonso García Robles, loc. cit.

144 A/PV.1860, October 6, 1970, p. 9.

145 David Dean Rusk, "Memorandum for the President," November 27, 1963, DEF 18-10 Non-Proliferation 1961-1962, DEF Non-Proliferation to DEF Non-Proliferation - Thompson Committee (Box 9), Entry A1 5180, RG 59, NACP, p. 1.

146 Ibid., p. 2

147 "U.S. Position Paper: Non-Proliferation of Nuclear Weapons," July 23, 1964, DEF 18-10 Non-Proliferation July to October 1964, Box 9, Entry A1 5180, RG 59, NACP.

148 The Committee on Nuclear Proliferation, "A Report to the President," January 21, 1965, DEF 18-10 Non-Proliferation, Gilpatric Committee, 1964, 1 of 3, DEF Non-Proliferation, Japan to Def. Assurances, India and Germany (Box 11), Entry A1 5180, RG 59, NACP.

149 The Committee on Nuclear Proliferation, "A Report to the President," January 21, 1965, DEF 18-10 Non-Proliferation, Gilpatric Committee, 1964, 1 of 3, Box 11, Entry A1 5180, RG 59, NACP, pp. 7-9.

150 The Department of State, "Circular 1867, May 1st," May 1, 1963, 321.9 Disarmament 1962, 1962-1963 236 to 1962-1963 501.6 (Box 465), Brazil, U.S. Embassy, General Records, 1936-1963 (Entry UD 2131), RG 84, NACP; Working Group No. 4, "Nuclear Containment and Non-Proliferation," June 13, 1963, DEF General Policy and Plans - WG 1 & 4, DEF General Policy and Plans - WAG 63 to DEF General Policy and Plans - Force Cuts (Box 1), Entry A1 5180, RG 59, NACP, pp. 8-9; and "Eighteen-Nation Disarmament Committee US Disarmament Measures Paper #20 Nuclear Free Zones," January 27, 1964, DEF 18-9 Demilitarized & Nuclear Free Zones 1962-1964, Box 7, Entry A1 5180, RG 59, NACP, p. 1.

151 Annex A "Criteria for Nuclear Free Zone," in "Eighteen-Nation Disarmament Committee US Disarmament Measures Paper #20 Nuclear Free Zones," January 27, 1964, DEF 18-9 Demilitarized & Nuclear Free Zones 1962-1964, Box 7, Entry A1 5180, RG 59, NACP, p. 1.

152 A/PV.1299, December 11, 1964, p. 10.

153 COPREDAL/AR/4, 18 de marzo de 1965, p. 1.

154 COPREDAL/S/Inf.12, 25 de agosto de 1965.

155 COPREDAL/AR/12, 26 de agosto de 1965, pp. 2-3.

156 Clarence A. Boonstra, "Memorandum of Conversation," March 22, 1965, DEF 18 NFZ Preparatory Commission Meetings Mexico

City, G6 Buildings & Grounds Acquisition, etc. THRU SOC9 Social Welfare Services 1965 (Box16), Entry P2, RG 59, NACP.

157 Ibid.

158 Philip Raine to the Department of State, February 2, 1967, DEF 18-9 Demilitarized & Nuclear Free Zones (NFZ), DEF 18-9 Demilitarized & Nuclear Free Zone (NFZ) to FN 7 Visits, Missions (Box 13), Department of State. U.S. Embassy, Brazil, Classified Central Subject Files, 1961 - 1975 (Entry P72), RG 84, NACP.

159 Interview with García Robles by Berasategui on March 26, 1984, pp. 21-22.

160 Ibid., pp. 22-23.

161 García Robles, *The Denuclearization of Latin America*, pp. 148-149.

162 COPREDAL/RES.10.

163 Clarence A. Boonstra, "Memorandum of Conversation," March 22, 1965, DEF 18 NFZ Preparatory Commission Meetings Mexico City, Box16, Entry P2, RG 59, NACP; and García Robles, *The Denuclearization of Latin America*, p. 37.

164 *Ibid.*, pp. 92-93.

165 Department of State, *FRUS, 1964-1968*, vol. XI (Washington D.C.: Government Printing Office, 1997), pp. 888-889.

166 García Robles, *The Denuclearization of Latin America*, pp. 52-63.

167 *Ibid.*, pp. 63-64.

168 Clarence A. Boonstra, "Memorandum of Conversation," March 22, 1965, DEF 18 NFZ Preparatory Commission Meetings Mexico City, Box16, Entry P2, RG 59, NACP.

169 García Robles, *The Denuclearization of Latin America*, pp. 154-158.

170 COPREDAL/50, 13 de agosto de 1966, p. 11.

171 COPREDAL/CC/DT/1, 14 de marzo de 1966; and COPREDAL/CC/DT/1.Corr, 18 de marzo de 1966.

172 COPREDAL/L/12, 21 de abril de 1966.

173 COPREDAL/AR/20, 20 de abril de 1966, pp. 4-7.

174 COPREDAL/AR/21, 21 de abril de 1966, pp. 7-8, 11-14; and COPREDAL/L.13.

175 COPREDAL/36, 4 de mayo de 1966.

176 García Robles, *The Denuclearization of Latin America*, pp. 57-60.

177 Fulton Freeman, "Memorandum of Conversation," May 26, 1966, DEF 18 Latin America Nuclear Free Zone (LANFZ) APR-JUN, 1966, Foreign Trade Quantitative Controls & Restrictions 1966 THRU Political Affairs & Relations Goodwill 1966 (Box 19), Entry P2, RG 59, NACP.

178 Department of State, *FRUS, 1964-1968*, vol. XI, p. 273.

179 CD/PV.605, September 4, 1991, p. 7.

180 W. D. Boles, "Possible Mexican Candidates for Secretary General of the United Nations," September 7, 1966, POL 3 U.N., Box 19, Entry P2, RG 59, NACP.

181 Anexo 2 "Proyecto de texto para el Artículo 23 del Tratado de Desnuclearización de la América Latina que el Comité Coordinador somete a la consideración de los Gobiernos de los Estados Miembros de la Comisión Preparatoria," COPREDAL/CC/23, 28 de diciembre de 1966.

182 Ibid.

183 Nicholas deB. Katzenbach to the Department of State, December 6, 1966, Defense Affairs, Box 7, Entry P72, RG 84, NACP.

184 The Embassy, Mexico City, to the Department of State, February 3, 1967, DEF 18-9 Demilitarized & Nuclear Free Zones (NFZ), Box 13, Entry P72, RG 84, NACP; Nicholas deB. Katzenbach to the Embassy, Paris, February 20, 1967, DEF 18-9 Demilitarized & Nuclear Free Zones (NFZ), Box 13, Entry P72, RG 84, NACP; and Fulton Freeman to the Department of State, February 13, 1967, DEF 18-9 Demilitarized & Nuclear Free Zones (NFZ), Box 13, Entry P72, RG 84, NACP.

185 駐墨中根正己臨時代理大使発外務大臣宛、「ラ米非核武装化条約会議について」（第五六号）、一九六七年三月九日、SB・一・四・一。

186 Philip Raine to the Department of State, February 10, 1967, DEF 18-9 Demilitarized & Nuclear Free Zones (NFZ), Box 13, Entry P72, RG 84, NACP.

187 The Embassy, Mexico City, to the Department of State, February 3, 1967, DEF 18-9 Demilitarized & Nuclear Free Zones (NFZ), Box 13, Entry P72, RG 84, NACP.

188 COPREDAL/AR/50, 28 de febrero de 1967.

189 Interview with García Robles by Berasategui on March 26 1984, p. 25.

190 ENDC/PV.295, March 21, 1967, pp. 9-10.

191 A/PV.1620, December 5, 1967, pp. 3, 9.

192 A/PV.1587, October 11, 1967, pp. 5-10.

193 Interview with García Robles by Berasategui on March 26 1984, pp. 25-26.

194 John W. Tuthill, “Brazilian UN Ambassador Calls for Ratification of LANFZ,” September 1, 1967, DEF 18-9 Demilitarized & Nuclear Free Zones (NFZ), Box 13, Entry P72, RG 84, NACP.

195 在メキシコ日本国大使館、「第一回フ米核兵器禁止機構総会に関する報告書」（第三二八号）、一九六九年九月一〇日、SB・一・四・一、一頁。

196 H. Freeman Matthews, Jr. to Chris G. Petrow, June 22, 1970, POL 7 Henry A. Kissinger’s Visit to Mexico June 1970, INCO Ford Motor Co. 1970 THRU SOC 14 Human Rights & Race Relations (Papego Indians) 1970 (Box 24), Entry P2, RG 59, NACP.

197 Bob Ybarra, “Inauguration Fiesta Begins in Mexico,” *El Paso Herald-Post*, November 28, 1970, section A, p. 6.

198 H. Freeman Matthews, Jr. to Robert A. Stevenson, December 12, 1972, PER Ambassador McBride 1972-1973, ORG 7 Visits Ambassador McBride 1971-1973 THRU LAB 2 Reports 1974 (Box 28), Entry P2, RG 59, NACP.

199 A/PV.1983, November 15, 1971, p. 9.

200 Bob Ybarra, “Mexico’s Red China Relations Trigger Catholic Statements,” *El Paso Herald-Post*, November 28, 1970, section B, p. 12.

201 外務省軍縮室、「『ラテンアメリカにおける核兵器の禁止に関する条約』と最近の情勢」、一九七三年六月二七日、「ラテン・アメリカ核兵器禁止条約機構会議」（SB・一九・二・〇）、外務省外交史料館、別紙一—二頁。

202 United States Department of State, *FRUS, 1969-1972*, vol. V (Washington D.C.: Government Printing Office, 2004), pp. 421-423.

203 *Ibid.*, p. 423.

204 TD/180, vol. I, pp. 30-31, 35-37; and ibid., annex I, pp. 58-59.

205 駐メキシコ加藤匡夫大使発外務大臣宛、「エチェベリア大統領の各国歴訪（カナダ、イギリス、ベルギー）」（第三二八号）、一九七三年四月一三日、SB・一九・二・〇、一頁。

206 駐メキシコ加藤匡夫大使発外務大臣宛、「ラ米核禁条約に対する仏、ソ、中の反応」（電信第一九二号）、一九七三年五月一七日、SB・一九・二・〇。

207 William Tapley Bennett, Jr. to the Department of State, August 24, 1973 (1973USUNN02978), Electronic Telegrams 1/1/1973 - 12/31/1973, Central Foreign Policy Files, RG 59, NACP.

208 Henry A. Kissinger, "Memorandum of Conversation," October 8, 1973 (1973STATE199725), Electronic Telegrams 1/1/1973 - 12/31/1973, Central Foreign Policy Files, RG 59, NACP.

209 William Tapley Bennett, Jr. to the Department of State, January 8, 1974 (1974USUNN00041), Electronic Telegrams 1/1/1973 - 12/31/1973, Central Foreign Policy Files, RG 59, NACP; and "Memorandum of Conversation," August 12, 1974, ORG 7 Visits (Official Business) 1974, Box 28, Entry P2, RG 59, NACP.

210 William E. Schaufele, Jr. to the Department of State, April 30, 1974 (1974USUNN01582), Electronic Telegrams 1/1/1973 - 12/31/1973, Central Foreign Policy Files, RG 59, NACP; and William E. Schaufele, Jr. to the Department of State, April 29, 1974 (1974USUNN01567), Electronic Telegrams, 1/1/1973 - 12/31/1973, Central Foreign Policy Files, RG 59, NACP.

211 Joseph John Jova to the Department of State, June 7, 1974 (1974MEXICO04677), Electronic Telegrams 1/1/1974 - 12/31/1974, Central Foreign Policy Files, RG 59, NACP.

212 Alfonso García Robles, "La Doctrina Calvo en las relaciones internacionales," in César Sepúlveda, Antonio Martínez Báez, and Alfonso García Robles, *Carlos Calvo: Tres ensayos mexicanos* (México, D.F.: Secretaría de Relaciones Exteriores, 1974), pp. 58-78.

213 Alfonso García Robles, "Informe del Presidente de la Delegación de México Embajador Lic. Alfonso García Robles sobre el Tema 48 del Programa: Carta de Derechos y Deberes Económicos de los Estados," 27 de diciembre de 1974, Vigésimo noveno periodo de Sesiones 1974 (Libro 40, Vol. I), Archivo Particular del Embajador Alfonso García Robles, loc. cit., p. 3.

214 A/PV.2261 and Corr.I, October 8, 1974, pp. 559-564.

215 García Robles, "Informe del Presidente de la Delegación de México Embajador Lic. Alfonso García Robles sobre el Tema 48 del Programa: Carta de Derechos y Deberes Económicos de los Estados," 27 de diciembre de 1974, Libro 40, Vol. I, Archivo Particular del Embajador Alfonso García Robles, loc. cit., pp. 9-12.

216 Robert S. Ingersoll to the Embassy, Mexico City, November 21, 1974 (1974STATE256796), Electronic Telegrams 1/1/1974 -

12/31/1974, Central Foreign Policy Files, RG 59, NACP.

217 John A. Scali to the Department of State, November 28, 1974 (1974USUNN05503), Electronic Telegrams 1/1/1974 - 12/31/1974, Central Foreign Policy Files, RG 59, NACP.

218 García Robles, "La Doctrina Calvo en las relaciones internacionales," pp. 75-76.

219 William Tapley Bennett, Jr. to the Department of State, December 4, 1974 (1974USUNN05648), Electronic Telegrams 1/1/1973 - 12/31/1973, Central Foreign Policy Files, RG 59, NACP.

220 García Robles, "Informe del Presidente de la Delegación de México Embajador Lic. Alfonso García Robles sobre el Tema 48 del Programa: Carta de Derechos y Deberes Económicos de los Estados," 27 de diciembre de 1974, Libro 40, Vol. I, Archivo Particular del Embajador Alfonso García Robles, loc. cit., pp. 18-19.

221 John A. Scali to the Department of State, December 17, 1974 (1974USUNN06009), Electronic Telegrams 1/1/1974 - 12/31/1974, Central Foreign Policy Files, RG 59, NACP.

222 John A. Scali to the Department of State, December 18, 1974 (1974USUNN06031), Electronic Telegrams 1/1/1974 - 12/31/1974, Central Foreign Policy Files, RG 59, NACP.

223 Ibid.

224 John A. Scali to the Department of State, December 13, 1974 (1974USUNN05950), Electronic Telegrams 1/1/1974 - 12/31/1974, Central Foreign Policy Files, RG 59, NACP.

225 Ibid.

226 García Robles, "Informe del Presidente de la Delegación de México Embajador Lic. Alfonso García Robles sobre el Tema 48 del Programa: Carta de Derechos y Deberes Económicos de los Estados," 27 de diciembre de 1974, Libro 40, Vol. I, Archivo Particular del Embajador Alfonso García Robles, loc. cit., pp. 32-37; and Interview with García Robles by Berasategui on March 26, 1984, pp. 14-15.

227 A/PV.1992, November 22, 1971, pp. 8-11.

228 "CARDENAS del Rio, Lázaro," POL 6 Cardenas, Lazaro, Box 22, Entry P2, RG 59, NACP.

229 William Pierce Rogers to the Embassy, Bogota, March 3, 1973 (1973STATE043789), Electronic Telegrams 1/1/1973 - 12/31/1973,

Central Foreign Policy Files, RG 59, NACP.

230 United Nations Department of Political and Security Council Affairs, *The United Nations and Disarmament: 1970-1975* (New York: United Nations, 1976), pp. 32-33.

231 *Ibid.*, pp. 32-33; John A. Scali to the Department of State, April 12, 1973 (1973USUNN01331), Electronic Telegrams 1/1/1973 - 12/31/1973, Central Foreign Policy Files, RG 59, NACP; and Idar Rimestad to the Department of State, April 12, 1973 (1973GENEVA01704), Electronic Telegrams 1/1/1973 - 12/31/1973, Central Foreign Policy Files, RG 59, NACP.

232 United Nations Department of Political and Security Council Affairs, *The United Nations and Disarmament: 1970-1975*, pp. 33-34.

233 John A. Scali to the Department of State, May 4, 1973 (1973USUNN01677), Electronic Telegrams 1/1/1973 - 12/31/1973, Central Foreign Policy Files, RG 59, NACP.

234 William E. Schaufele, Jr. to the Department of State, December 21, 1973 (1973USUNN05733), Electronic Telegrams 1/1/1973 - 12/31/1973, Central Foreign Policy Files, RG 59, NACP.

235 John A. Scali to the Department of State, October 24, 1974 (1974USUNN04363), Electronic Telegrams 1/1/1973 - 12/31/1973, Central Foreign Policy Files, RG 59, NACP; John A. Scali to the Department of State, November 12, 1974 (1974USUNN04920), Electronic Telegrams 1/1/1974 - 12/31/1974, Central Foreign Policy Files, RG 59, NACP; Henry A. Kissinger to the United Nations, New York, November 14, 1974 (1974STATE251311), Electronic Telegrams 1/1/1974 - 12/31/1974, Central Foreign Policy Files, RG 59, NACP; Henry A. Kissinger to the Unite Nations, New York, November 16, 1974 (1974STATE253493), Electronic Telegrams, 1/1/1974 12/31/1974, Central Foreign Policy Files, RG 59, NACP; and John A. Scali to the Department of State, November 19, 1974 (1974USUNN05159), Electronic Telegrams, 1/1/1974 - 12/31/1974, Central Foreign Policy Files, RG 59, NACP.

236 For example, "Neutral Nations Challenge U.S., Russia on Arms," *Nevada State Journal*, February 21, 1973, p. 8.

237 「ラ米核兵器禁止条約（米国ステートメント）」、［一九六七年］、SB・一・四・一。

238 Fulton Freeman to the Department of State, February 24, 1967, DEF 18-9 Demilitarized & Nuclear Free Zones (NFZ), Box 13, Entry P72, RG 84, NACP.

239 Henry A. Kissinger to Joseph Martin, Jr., August 7, 1974 (1974STATE172469), Electronic Telegrams 1/1/1974 - 12/31/1974, Central Foreign Policy Files, RG 59, NACP.

240 The U.S. Mission to the United Nations, Geneva, to the Department of State, August 14, 1974 (1974GENEVA05255), Electronic Telegrams 1/1/1974 - 12/31/1974, Central Foreign Policy Files, RG 59, NACP.

241 John A. Scali to the Department of State, October 25, 1974 (1974USUNN04445), Electronic Telegrams 1/1/1973 - 12/31/1973, Central Foreign Policy Files, RG 59, NACP.

242 John A. Scali to the Department of State, November 19, 1974 (1974USUNN05162), Electronic Telegrams 1/1/1974 - 12/31/1974, Central Foreign Policy Files, RG 59, NACP.

243 The U.S. Mission to the United Nations, Geneva, to the Department of State, August 29, 1975 (1975GENEVA06707), Electronic Telegrams 1/1/1975 - 12/31/1975, Central Foreign Policy Files, RG 59, NACP.

244 "Support for Nuclear Pact Is Pledged," *Galveston Daily News*, May 7, 1975, p. 10-B.

245 NPT/CONF/C.I/SR.2, pp. 149-153, 156; NPT/CONF/C.I/SR.4, pp. 172-173; NPT/CONF/C.I/SR.5, pp. 172-173; NPT/CONF/C.I/SR.7, pp. 190-191; NPT/CONF/C.I/SR.13, pp. 224-225; The U.S. Mission to the United Nations, Geneva, to the Department of State, May 14, 1975 (1975GENEVA03509), Electronic Telegrams 1/1/1975 - 12/31/1975, Central Foreign Policy Files, RG 59, NACP; The U.S. Mission to the United Nations, Geneva, to the Department of State, May 24, 1975 (1975GENEVA03848), Electronic Telegrams 1/1/1975 - 12/31/1975, Central Foreign Policy Files, RG 59, NACP and The U.S. Mission to the United Nations, Geneva, to the Department of State, May 27, 1975 (1975GENEVA03932), Electronic Telegrams 1/1/1975 - 12/31/1975, Central Foreign Policy Files, RG 59, NACP.

246 The U.S. Mission to the United Nations, Geneva, to the Department of State, May 20, 1975 (1975GENEVA03695), Electronic Telegrams 1/1/1975 - 12/31/1975, Central Foreign Policy Files, RG 59, NACP.

247 The U.S. Mission to the United Nations, Geneva, to the Department of State, June 2, 1975 (1975GENEVA04095), Electronic Telegrams 1/1/1975 12/31/1975, Central Foreign Policy Files, RG 59, NACP.

248 Alan Geyer, "Non-Proliferation Talks Unproductive," *The Lethbridge Herald*, July 17, 1975, p. 5.

249 The U.S. Mission to the United Nations, Geneva, to the Department of State, August 20, 1975 (1975GENEVA06471), Electronic Telegrams 1/1/1975 - 12/31/1975, Central Foreign Policy Files, RG 59, NACP. See also, Alfonso García Robles, "Nuclear Weapon Free Zones: An Effective Instrument for Disarmament," Folder 2, Box 3, Mss98-7, UVLL, pp. 5-6.

250 Daniel Patrick Moynihan to the Department of State, February 25, 1976 (1976USUNN00690), Electronic Telegrams 1/1/1976 12/31/1976, Central Foreign Policy Files, RG 59, NACP.

251 Arroyo Pichardo, *Alfonso García Robles, Cancilleres de México*, t. II, pp. 454-455.

252 ラバサ本人であるとするものとしては例えば次がある。"Mexican Minister Resigns" Fairbanks Daily News-Miner, December 30, 1975, p. A-2. ガルシアロブレスとするものは次である。Joseph John Jova to the Department of State, December 30, 1975 (1975MEXICO11419), Electronic Telegrams 1/1/1975 - 12/31/1975, Central Foreign Policy Files, RG 59, NACP.

253 "Resignation Linked to Mexico Boycott," *Galveston Daily News*, December 31, 1975, p. 2-A.

254 "Jewish Tourists Boycott Mexico After UN Voting," *The Abilene Reporter-News*, January 1, 1976, p. 9-B.

255 Joseph John Jova to the Department of State, November 10, 1975 (1975MEXICO09858), Electronic Telegrams 1/1/1975 12/31/1975, Central Foreign Policy Files, RG 59, NACP.

256 Ibid.

257 Joseph John Jova to the Department of State, December 30, 1975 (1975MEXICO11420), Electronic Telegrams 1/1/1975 12/31/1975, Central Foreign Policy Files, RG 59, NACP.

258 William D. Rogers to Henry A. Kissinger, December 31, 1975 (1975STATE305271), Electronic Telegrams 1/1/1975 - 12/31/1975, Central Foreign Policy Files, RG 59, NACP.

259 Joseph John Jova to the Department of State, January 16, 1976 (1976MEXICO00668), Electronic Telegrams 1/1/1976 - 12/31/1976, Central Foreign Policy Files, RG 59, NACP.

260 Daniel Patrick Moynihan to the Department of State, January 22, 1976 (1976USUNN00221), Electronic Telegrams 1/1/1976 - 12/31/1976, Central Foreign Policy Files, RG 59, NACP.

261 Joseph John Jova to the Department of State, December 30, 1975 (1975MEXICO11420), Electronic Telegrams 1/1/1975 - 12/31/1975, Central Foreign Policy Files, RG 59, NACP.

262 Joseph John Jova to the Department of State, January 16, 1976 (1976MEXICO00606), Electronic Telegrams 1/1/1976 - 12/31/1976, Central Foreign Policy Files, RG 59, NACP.

263 S/11831; S/11835; and S/11843.

264 U.S. Embassy, Mexico City, to the Department of State, January 21, 1976 (1976MEXICO00878), Electronic Telegrams 1/1/1976 - 12/31/1976, Central Foreign Policy Files, RG 59, NACP; and U.S. Embassy, Mexico City to, the Department of State, January 22, 1976 (1976MEXICO00916), Electronic Telegrams 1/1/1976 - 12/31/1976, Central Foreign Policy Files, RG 59, NACP.

265 U.S. Embassy, Mexico City, to the Department of State, January 23, 1976 (1976MEXICO00922), Electronic Telegrams 1/1/1976 - 12/31/1976, Central Foreign Policy Files, RG 59, NACP; and U.S. Embassy, Mexico City, to the Department of State, January 27, 1976 (1976MEXICO01082), Electronic Telegrams 1/1/1976 12/31/1976, Central Foreign Policy Files, RG 59, NACP.

266 Joseph John Jova to the Department of State, January 13, 1976 (1976MEXICO00384), Electronic Telegrams 1/1/1976 - 12/31/1976, Central Foreign Policy Files, RG 59, NACP; and Joseph John Jova to the Department of State, March 5, 1976 (1976MEXICO03003), Electronic Telegrams 1/1/1976 - 12/31/1976, Central Foreign Policy Files, RG 59, NACP.

267 "New Boycott in Doubt," *Advocate*, July 14, 1976, p. 11A.

268 Joseph John Jova to the Department of State, May 20, 1976 (1976MEXICO6533), Electronic Telegrams 1/1/1976 12/31/1976, Central Foreign Policy Files, RG 59, NACP; Joseph John Jova to Henry A. Kissinger, May 21, 1976 (1976MEXICO06624), Electronic Telegrams 1/1/1976 - 12/31/1976, Central Foreign Policy Files, RG 59, NACP; William Giandoni, "Mexico Is Being Urged to Pull Out of OAS," *The Brownsville Herald*, July 14, 1976, p. 6C; Charles W. Robinson to the Embassy, Mexico, July 17, 1976 (1976STATE177809), Electronic Telegrams 1/1/1976 - 12/31/1976, Central Foreign Policy Files, RG 59, NACP; The Embassy, Bogota, to the Department of State, July 28, 1976 (1976BOGOTA07579), Electronic Telegrams 1/1/1976 - 12/31/1976, Central Foreign Policy Files, RG 59, NACP; and Joseph John Jova to the Department of State, July 29, 1976 (1976MEXICO09703), Electronic Telegrams, 1/1/1976 - 12/31/1976, Central Foreign Policy Files, RG 59, NACP.

269 Joseph John Jova to the Department of State, May 19, 1976 (1976MEXICO06455), Electronic Telegrams 1/1/1976 - 12/31/1976, Central Foreign Policy Files, RG 59, NACP.

270 Joseph John Jova to the Department of State, July 31, 1976 (1976MEXICO09833), Electronic Telegrams 1/1/1976 - 12/31/1976, Central Foreign Policy Files, RG 59, NACP; and Joseph John Jova to the Embassy, Colombo, August 7, 1976 (1976MEXICO10138), Electronic Telegrams 1/1/1976 12/31/1976, Central Foreign Policy Files, RG 59, NACP

271 The Embassy, Mexico City, to the Department of State, September 26, 1976 (1976MEXICO11697), Electronic Telegrams 1/1/1976 - 12/31/1976, Central Foreign Policy Files, RG 59, NACP.

272 The Embassy, Mexico City, the Department of State, September 14, 1976 (1976MEXICO11772), Electronic Telegrams 1/1/1976 - 12/31/1976, Central Foreign Policy Files, RG 59, NACP.

273 Joseph John Jova to the Department of State, January 12, 1976 (1976MEXICO00366), Electronic Telegrams 1/1/1976 - 12/31/1976, Central Foreign Policy Files, RG 59, NACP; The Department of State to the Embassy, Bucharest, January 21, 1976 (1976STATE012768), Electronic Telegrams 1/1/1976 - 12/31/1976, Central Foreign Policy Files, RG 59, NACP; and U.S. Embassy, Mexico City to the De. partment of State, March 11, 1976 (1976MEXICO03236), Electronic Telegrams 1/1/1976 - 12/31/1976, Central Foreign Policy Files, RG 59, NACP.

274 Albert W. Sherer, Jr., to the Department of State, March 15, 1976 (1976USUNN01005), Electronic Telegrams 1/1/1976 - 12/31/1976, Central Foreign Policy Files, RG 59, NACP; and William Tapley Bennett, Jr. to the Department of State, March 16, 1976 (1976USUNN01022), Electronic Telegrams 1/1/1976 - 12/31/1976, Central Foreign Policy Files, RG 59, NACP.

275 A/31/PV.16, October 4, 1976, pp. 277-283.

276 William Tapley Bennett, Jr. to the Department of State, November 2, 1976 (1976USUNN04906), Electronic Telegrams 1/1/1976 - 12/31/1976, Central Foreign Policy Files, RG 59, NACP; and "Mexico Cites Failure: Disarmament Inaction Rapped," *Tucson Daily Citizen*, August 27, 1976, p. 18.

277 "Claiming 200-Mile Limit, Mexico Doubles Patrol to Enforce Sea Rights," *Press Telegram*, January 22, 1976, p. P-9 Z-1, P-3 Z-3.

278 Joseph John Jova to the Department of State, January 16, 1976 (1976MEXICO00668), Electronic Telegrams 1/1/1976 12/31/1976, Central Foreign Policy Files, RG 59, NACP; and Joseph John Jova to the Department of State, February 24, 1976 (1976MEXICO02371), Electronic Telegrams 1/1/1976 - 12/31/1976, Central Foreign Policy Files, RG 59, NACP.

279The Department of State to Henry A. Kissinger, May 6, 1976 (1976STATE110084), Electronic Telegrams 1/1/1976 - 12/31/1976, Central Foreign Policy Files, RG 59, NACP.

280 "Kissinger on Last Leg of 4-Nation Latin Tour," *Playground Daily News*, June 11, 1976, p. 2A; "American Prisoners Appeal: Kiss-

inger, Echeverria to Discuss Problems,' *Redlands Daily Facts*, June 11, 1976, p. A2; and "Kissinger Reports on Prisoner Talks," *Valley Morning Star*, June 12, 1976, p. A2.

281 "U.S. Mulls Plan to Swap Prisoners with Mexico," *Billings Gazette*, June 17, 1976, p. 5-A.

282 Henry A. Kissinger to Joseph John Jova, October 17, 1976 (1976STATE257221), Electronic Telegrams 1/1/1976 - 12/31/1976, Central Foreign Policy Files, RG 59, NACP.

283 "Americans in Mexican Jails Plan Hunger Strikes," *Star-News*, August 30, 1976, p. A-2.

284 "U.S., Mexico Sign Prisoner Swap Pact," *New Mexican*, November 26, 1976, p. 1.

285 Henry A. Kissinger to the Department of State, February 25, 1976 (1976STATE045345), Electronic Telegrams 1/1/1976 - 12/31/1976, Central Foreign Policy Files, RG 59, NACP.

286 "Meeting Between Ambassador and President Echeverria," sec. 2, October 9, 1975, PCL 3 U.N., ORG 7 Visits Official (Business) 1975 THRU SCI 11 Desalting 1975 (Box 30), Entry P2, RG 59, NACP.

287 Ibid.

288 Joseph John Jova to the Department of State, April 11, 1974 (1974MEXICO03144), Electronic Telegrams 1/1/1974 - 12/31/1974, Central Foreign Policy Files, RG 59, NACP; and Joseph John Jova to the Department of State, June 7, 1974 (1974MEXICO04677), Electronic Telegrams 1/1/1974 - 12/31/1974, Central Foreign Policy Files, RG 59, NACP.

289 The Department of State to the Embassy, Islamabad, September 24, 1976 (1976STATE236855), Electronic Telegrams 1/1/1976 - 12/31/1976, Central Foreign Policy Files, RG 59, NACP.

290 "USUN Daily Classified Summary No. 198 Nov. 11, 1976," November 12, 1976 (1976USUNN05255), Electronic Telegrams 1/1/1976 - 12/31/1976, Central Foreign Policy Files, RG 59, NACP.

291 William Scranton to the Department of State, November 16, 1976 (1976USUNN05314), Electronic Telegrams 1/1/1976 - 12/31/1976, Central Foreign Policy Files, RG 59, NACP.

292 Henry A. Kissinger to Joseph John Jova, November 17, 1976 (1976STATE281810), Electronic Telegrams 1/1/1976 - 12/31/1976, Central Foreign Policy Files, RG 59, NACP.

293 "Ford and Echeverria Won't Meet at Border," *Del Rio News-Herald*, October 27, 1976, p. 1.

294 Joseph John Jova to the Department of State, November 28, 1976 (1976MEXICO15031), Electronic Telegrams 1/1/1976 - 12/31/1976, Central Foreign Policy Files, RG 59, NACP.

295 The Department of State to Henry A. Kissinger, November 27, 1976 (1976STATE290697), Electronic Telegrams 1/1/1976 - 12/31/1976, Central Foreign Policy Files, RG 59, NACP.

296 The Department of State to Henry A. Kissinger, November 30, 1976 (1976STATE291569), Electronic Telegrams 1/1/1976 - 12/31/1976, Central Foreign Policy Files, RG 59, NACP.

297 The Department of State to Henry A. Kissinger, December 7, 1976 (1976STATE297475), Electronic Telegrams 1/1/1976 - 12/31/1976, Central Foreign Policy Files, RG 59, NACP.

298 駐アメリカ合衆国東郷文彦大使発外務大臣宛、「米国のラ米核禁条約議定書Ⅰ署名」（電信第二五三四号）、一九七七年六月一三日、SB・一九・二・〇。

299 CCD/PV.745, April 19, 1977, p. 13.

300 駐アメリカ合衆国東郷文彦大使発外務大臣宛、「ヴァンス長官の南米訪問（国務省内話）（B）」（電信第五一〇四号）、一九七七年一一月二九日、SB・一九・二・〇。

301 在アルゼンチン近藤四郎大使発外務大臣宛、「ヴァンス米国務長官のアルゼンティン訪問（B）」（電信第六〇〇号）、一九七七年一二月三日、SB・一九・二・〇。

302 駐メキシコ松永信雄大使発外務大臣宛、「ソ連のラ米核禁条約議定書Ⅱ署名（C）」（電信第二六九号）、一九七八年五月一九日、SB・一九・二・〇。

303 駐メキシコ穂崎巧大使発外務大臣宛、「ソ連のトラテロルコ条約第二議定書署名（B）」（電信第二〇二号）、一九七八年四月二八日、SB・一九・二・〇。

304 Daniel Patrick Moynihan to the Department of State, November 31, 1975 (1975USUNN05508), Electronic Telegrams 1/1/1975 - 12/31/1975, Central Foreign Policy Files, RG 59, NACP.

305 “U.N. Disarmament Session Planned,” *Oakland Tribune*, November 2, 1976, p. 5.

306 Interview with García Robles by Berasategui on March 26, 1984, pp. 25-28.

307 United Nations General Assembly, *Report of the Preparatory Committee for the Special Session of the General Assembly Devoted*

to *Disarmament*, vol. vii (New York: United Nations, 1978), pp. 55-57.
308 Alfonso García Robles, "The First UNGA Special Session on Disarmament," p. 1, Folder 3, Box 3, Mss98-7, UVLL.
309 A/S-10/PV.3, May 25, 1978, p. 45.
310 A/S-10/AC.1/PV.13, June 23, 1978.
311 Ibid.
312 Interview with García Robles by Berasategui on March 26, 1984, p. 31.
313 A/S-10/PV.14, June 26, 1978.
314 A/S-10/AC.1/PV.15, June 28, 1978.
315 Ibid.; and A/S-10/PV.27, June 30, 1978.
316 A/S-10/AC.1/PV.16.
317 A/S-10/PV.27; and CCD/PV.455, March 5, 1970, p. 31.
318 アルバ・ミュルダール、「ヨーロッパの超大国ゲーム」、E・P・トンプソン、D・スミス編、『世界の反核理論』、丸山幹正訳、勁草書房、一九八三年、七四―一〇五頁。ケン・コーツ、「ヨーロッパを非核地帯に」、トンプソン、スミス編、同上書、二一六―二二七頁。
319 "Remarks and a Question-and-Answer Session at a Working Luncheon With Out-of-Town Editors," October 16, 1981, The Public Papers of President Ronald W. Reagan, Ronald Reagan Presidential Library, http://www.reagan.utexas.edu/archives/speeches/1981/101681b.htm (accessed January 16, 2015)
320 Campaign for Nuclear Disarmament, *Nuclear-free Zone Campaign Manual* (London: CND Publications, 1984), p. 39.
321 半田市、「非核・平和都市宣言」、http://www.city.handa.lg.jp/somu/kurashi/hewa/hikaku.html（二〇一五年一月一六日アクセス）。ピースデポ・イアブック刊行委員会編、『イアブック「核軍縮・平和二〇一一」―市民と自治体のために―』、ピースデポ、二〇一一年、二一五頁。
322 Alfonso García Robles, "The Second Special Session on Disarmament of the United Nations General Assembly," Folder 2, Box 3, Mss98-7, UVLL, pp. 3-4.
323 Ibid., pp. 1-3
324 Homer A. Jack, *Disarm -or Die: The Second U.N. Special Session on Disarmament* (New York: World Conference on Religion and

Peace, 1983), pp. 60-68.

325 Interview with García Robles by Berasategui on March 26, 1984, pp. 35-36.

326 Jack, *Disarm -or Die*, pp. 68-69, 169-170.

327 *Ibid*., pp. 45-46, 69-72, 255-256.

328 Interview with García Robles by Berasategui on March 26, 1984, pp. 36-37.

329 Ibid., pp. 36-39.

330 Jerzy Zaleski, "Comprehensive Programme of Disarmament: Consideration of the Item by the CD," *UNIDIR Resources* (May 2011), pp. 2-5.

331 Alfonso García Robles, "The United Nations and Disarmament," Folder 7, Box 3, Mss98-7, UVLL.

332 荒木武、『ヒロシマを世界へ』、ぎょうせい、一九八六年、一七六、二三六頁。パルメ委員会、『共通の安全保障』、森治樹訳、日本放送出版協会、一九八二年、二五八―二六一頁。CD/PV.344, March 4, 1986, p. 7.

333 パルメ委員会、『共通の安全保障』、一七―二五頁。

334 Jack, *Disarm -or Die*, pp. 50, 171.

335 *Ibid*., pp. 115-124; and *Yearbook of the United Nations, 1983*, vol. 37, pp. 88.

336 Martin M. Kaplan to Alfonso García Robles, June 23, 1982, Folder 4, Box 2, Mss98-7, UVLL; and The Pugwash Conferences on Science and World Affairs, "Working Group I: Problems and Prospects of Nuclear Arms Control and Disarmament," Folder 4, Box 2, Mss98-7, UVLL.

337 Alfonso García Robles, "Announcement," in Frängsmyr and Abrams, *Peace: 1981-1990*, p. 35.

338 二村久則は、受賞とメキシコ外交の「民族自決と内政不干渉の原則」および「国際法と国際組織に依拠した平和主義」を関連づけた。『朝日ジャーナル』、二四巻四八号（一九八二年一一月二六日）、四〇―四一頁。

339『朝日ジャーナル』、二五巻二二号（一九八三年五月二五日）、六五―六九頁。

340 Alfonso García Robles, "Self-Determination, Non Intervention [*sic*] and the Case of Nicaragua," Folder 6, Box 2, Mss98-7, UVLL.

341 "The Six Nation Initiative," Folder 6, Box 1, Mss98-7, UVLL, p. 13.

342 Ibid., pp. 2-3.

343 “De la Madrid Expects Shift in Foreign Policy,” *Del Rio News-Herald,* February 2, 1985, p. 1; and “Robles Gets Injunction,” *Del Rio News-Herald*, June 23, 1983, p. 5.

344 Five Continent Peace Initiative, “Five Continent Peace Initiative, Athens Meeting, January 31, 1985, List of Participants,” Folder 4, Box 1, Mss98-7, UVLL.

345 CD/PV.288, February 5, 1985, pp. 11-17; and CD/PV.290, February 12, 1985, pp. 21-24.

346 George Ball, et al. to Ólafur Ragnar Grímsson, April 1985, Folder 3, Box 1, Mss98-7, UVLL.

347 Review Conference of the Parties to the Treaty on the Non-Proliferation of Nuclear Weapons, *Final Document* (Geneva, 1985), part I, annex I, p. 14.

348 CD/852, August 5, 1988; CD/PV.472, August 9, 1988, pp. 2-4; and CD/PV.484, February 7, 1989, pp. 7-13.

349 “1977-94: Renewed Test-Ban Commitments,” The Provisional Technical Secretariat of the Preparatory Commission for the Comprehensive Nuclear-Test-Ban Treaty Organization 2010, Web, http://www.ctbto.org/the-treaty/history-1945-1993/1977-94-renewed-test-ban-commitments/ (accessed January 16, 2015).

350 “The Six Nation Initiative,” Folder 6, Box 1, Mss98-7, UVLL, p. 6.

351 ミハイル・S・ゴルバチョフ、『ゴルバチョフ演説・論文集I』、ソ連内外政策研究会訳、国際文化出版社、一九八六年、三四四―三四六頁。

352 同上書、四一八―四三〇頁。

353 CD/676, March 10, 1986, annex.

354 CD/PV.344, March 4, 1986, pp. 5, 7-8.

355 The Independent Commission on Disarmament and Security Issues, “The Independent Commission on Disarmament and Security Issues Memorial Meeting in Stockholm on March 15-16, 1986,” Folder 2, Box 2, Mss98-7, UVLL.

356 CD/PV.680, March 18, 1986.

357 “The Six Nation Initiative,” Folder 6, Box 1, Mss98-7, UVLL, pp. 7-8.

358 Hans Dahlgren, “Provisional Conclusions from the Planning Group’s Meeting in Stockholm on April 22-23, 1986,” April 23, 1986, Folder 4, Box 1, Mss98-7, UVLL; Planning Group, “FCPI Planning Group Meeting Arusha 30th June-2 July 1986, Summary Con-

clusions," Folder 7, Box 1, Mss98-7, UVLL.

359 Alfonso García Robles to Hitoshi Motoshima, July 7, 1986, Folder 7, Box 1, Mss98-7, UVLL; and Alfonso García Robles to Takeshi Araki, July 7, 1986, Folder 7, Box 1, Mss98-7, UVLL.

360 "The Six Nation Initiative," Folder 6, Box 1, Mss98-7, UVLL.

361 Planning Group, "Summary for Thursday February 18," Folder 6, Box 1, Mss98-7, UVLL, p. 1.

362 Ibid., p. 2.

363 CD/PV.530, August 29, 1989, p. 21.

364 A/C.1/44/PV.38, November 16, 1986, pp. 2-27.

365 A/C.1/44/PV.53, November 30, 1989, p. 27.

366 桝井成夫、「アルフォンソ・ガルシア・ロブレス氏（ノーベル平和賞受賞）死去」、『読売新聞』、夕刊、一九九一年九月四日、一五頁。

367 CD/PV.605, September 4, 1991, pp. 2-7.

368 Archivo Histórico Genaro Estrada, *Catálogo del Archivo Particular del Embajador Alfonso García Robles, 1951-1989*, p. 3.

# あとがき

個人の理想を、ことに対外政策において、日本社会は侮ってきたのでなかろうか。政府組織が向かい合う当面の課題に追われ、視野の広い、長期的なビジョンを持とうとしないできたと思う。

ことのほか国連総会の決議は法的拘束力を持たないがゆえに、即効性がない、なまくらな政策手段でしかない、と東京の指導者たちには映るに違いない。

だから、アルフォンソ・ガルシアロブレスは日本社会にとって衝撃である。

本書が語るように、彼は総会決議を行動の踏み石とし、そこから次のステップへとつなげていった。功績に数えられるトラテロルコ条約と軍縮特別総会最終文書は、法的拘束力だけでは量れない倫理的価値によって国際社会を導いた。

こうした主張への批判者は、我が国も毎年、日本案と称される核軍縮決議案を提出し、通過させている、と反論するかもしれない。

しかし、どうであろう。その案も含めて、現在、可決されている諸々の決議は、「包括的軍縮計画」を縮小した焼き直しにすぎないのではないか。彼の死から三十年余りが経ったにもかかわらず、我々はいまだそこから這い出ることができていない。

そう考えると、核軍縮そのものの失速は、彼の創造性や構想力が喪われたことに帰せられるのでないか、と感じられる。彼の政策は「人民の欲求を正しく評価」した上での答えであった。だからこそ、国家間の

闘争に揉まれながらも支持を広げ、時の試練に耐えたのである。

今、世界の憲法である国連憲章を時代の変化に合わせて進化させなければならない、と宣言すれば、大風呂敷と笑われよう。しかし、かつて、生涯をその使命に献じた真の賢者がいたことを思い出してほしい。賢者が現れたのは、唯一の被爆国である日本でも、我々が崇める先進国や大国でもなく、開発途上国に分類されたメキシコの地においてであった。この事実も、日本社会は真摯に受け止めるべきである。

本書の執筆にあたっては多くの方々にお世話になった。なかでも、国際連合ダグ・ハマーショルド図書館のイルバ・ブラーテン氏、バージニア大学ロースクール図書館のセシリア・ブラウン氏、そして合衆国国立公文書館およびメキシコ外務省歴史公文書室のスタッフ諸氏には特別にお礼申し上げたい。

また、今回の調査は愛知県立大学学長特別研究費の交付を受け、二〇一三年の春から秋にかけて渡米することがなければありえなかった。これを可能にして下さった高島忠義学長ほか同大の皆様に深謝しなければならない。

瀕死の状態にあった出版の志を救って下さったのは、社会評論社の濱崎誉史朗氏である。『大使館国際関係史』に続いて、厚く御礼を申し上げる。

こうしたことがあるから、日本社会はまだ捨てたものではないと思えるのである。研究活動を理解してくれた妻と生まれたばかりの娘にも、ありがとう、と伝えよう。

# 賢者ガルシアロブレス伝

## 国連憲章と核軍縮に取り組んだ外交官

2015年6月1日初版第1刷発行

**木下郁夫**

1971年、東京都新宿区生まれ。早稲田大学政治経済学部政治学科卒業。同大学大学院政治学研究科博士後期課程単位取得後退学。修士。愛知県立大学外国語学部専任講師、准教授を経て、2014年より教授。著書に『大使館国際関係史』(社会評論社)がある。

著者　木下郁夫
編集&装幀　濱崎誉史朗
発行人　松田健二
発行所　株式会社 社会評論社
東京都文京区本郷 2-3-10
Tel 03-3814-3861 Fax 03-3818-2808
http://www.shahyo.com
印刷&製本　倉敷印刷株式会社